Michael Friedrich

Anwendungsdomänen für Mobile Agenten

Michael Friedrich

Anwendungsdomänen für Mobile Agenten

Einsatzbereiche, Chancen und Risiken von Mobilen Agenten

Südwestdeutscher Verlag für Hochschulschriften

Imprint
Any brand names and product names mentioned in this book are subject to trademark, brand or patent protection and are trademarks or registered trademarks of their respective holders. The use of brand names, product names, common names, trade names, product descriptions etc. even without a particular marking in this work is in no way to be construed to mean that such names may be regarded as unrestricted in respect of trademark and brand protection legislation and could thus be used by anyone.

Publisher:
Südwestdeutscher Verlag für Hochschulschriften
is a trademark of
Dodo Books Indian Ocean Ltd., member of the OmniScriptum S.R.L Publishing group
str. A.Russo 15, of. 61, Chisinau-2068, Republic of Moldova Europe
Printed at: see last page
ISBN: 978-3-8381-2467-4

Zugl. / Approved by: Tübingern, Universiät, Diss., 2009

Copyright © Michael Friedrich
Copyright © 2011 Dodo Books Indian Ocean Ltd., member of the OmniScriptum S.R.L Publishing group

Inhaltsverzeichnis

1	**Einleitung**	**9**
	1.1 Überblick	9
	1.2 Aufbau der Dissertation	10
2	**Mobile-Agenten-Systeme**	**13**
	2.1 Definition	13
	2.1.1 Agent	13
	2.1.2 Mobiler Agent	14
	2.2 Agentensysteme	15
	2.2.1 Aufbau	15
	2.2.2 Agentenort	16
	2.2.3 Agenten	19
	2.2.4 Aufbau von Anwendungen	22
	2.3 Abgrenzung zu anderen Technologien	23
	2.3.1 Multiagentensysteme	23
	2.3.2 Client-Server-Architekturen	23
	2.3.3 Enterprise Java Beans	25
	2.4 Zusammenfassung	26
3	**Implementierungsdetails Mobiler Agenten**	**27**
	3.1 Verzeichnisse	27
	3.1.1 Skalierbarkeit	27
	3.1.2 Konsistenz	29
	3.1.3 Architekturen für Verzeichnisse	29
	3.2 Sprachen zur Agentenkommunikation	33
	3.2.1 KQML	34
	3.2.2 ACL	35
	3.2.3 Regelbasierte Kommunikation	35
	3.2.4 Koordination	35
	3.3 Netzwerktopologie	35

3.4	Agentenprogrammierung		37
	3.4.1 Imperative Programmierung		38
	3.4.2 Deklarative Programmierung		38
	3.4.3 Agentenprogrammiersprache		39
3.5	Monitoring		42
3.6	Mobilität		42
	3.6.1 Physikalische vs. logische Mobilität		42
	3.6.2 Migration von ausführbarem Code		43
	3.6.3 Transfer von Agentenbeschreibungen		43
	3.6.4 Designparadigmen für verteilte Systeme		45
3.7	Sicherheit		45
	3.7.1 Persistenz		46
	3.7.2 Malicious Agent		46
	3.7.3 Malicious Host		47
3.8	Zusammenfassung		47

4 Das Agentensystem *Okeanos*   49

4.1	Agentenort	49
4.2	Basisdienste	50
	4.2.1 Verzeichnisagent	50
	4.2.2 Portalagent	51
4.3	Vernetzung	52
4.4	Skalierbarkeit	52
4.5	Zusammenfassung	53

5 Anwendungsdomänen   55

5.1	Charakteristika	55
5.2	Bandbreitenreduzierung	56
	5.2.1 Filter	57
	5.2.2 Fernsteuerung von Geräten	59
	5.2.3 Charakteristika	60
5.3	Verteilung	61
	5.3.1 GRID	62
	5.3.2 Fallstudie: Verteiltes SAT-Solving	63
	5.3.3 Fallstudie: Verteilte Suche	67
	5.3.4 Charakteristika	71
5.4	Unterstützung der physischen Mobilität	72
	5.4.1 Mobile Datencontainer: Living Documents	73

Inhaltsverzeichnis

	5.4.2	Ein Baukasten für Mobile Anwendungen	76
	5.4.3	Fallstudie: Mobile Devices	81
	5.4.4	Charakteristika	84
5.5	Wartung		84
	5.5.1	Monitoring	85
	5.5.2	Instandsetzende Wartung	89
	5.5.3	Vorbeugende Wartung	89
	5.5.4	Versionierung und Evolution	90
	5.5.5	Charakteristika	90
5.6	Mobile Applikation	91
	5.6.1	Code on Demand	91
	5.6.2	Mieten von Softwarekomponenten	92
	5.6.3	Teilung von Ressourcen	95
	5.6.4	Agent P2P	96
	5.6.5	Fallstudie: Mobile Anwendung	98
	5.6.6	Charakteristika	99
5.7	Data Balancing	99
	5.7.1	Charakteristika	99
5.8	Offline Portal	99
	5.8.1	Charakteristika	102
5.9	Active Integration	102
	5.9.1	Fallstudie: Internet der Dinge – RFID	103
	5.9.2	Charakteristika	104
5.10	Teleservice	104
	5.10.1	Remote Service	104
	5.10.2	Steuerung	105
	5.10.3	Code Updates	105
	5.10.4	Verbindungslose Ausführung	105
	5.10.5	Charakteristika	106
5.11	Zusammenfassung	106

6 Softwaretechnik — 107

6.1	Einführung		107
6.2	Logging		107
	6.2.1	Logformat	108
	6.2.2	Loggenerierung	108
	6.2.3	Logplatzierung	109
	6.2.4	Logquery	110

		6.2.5	Message-Bus	110

       6.2.5   Message-Bus 110
       6.2.6   Fallbeispiel: Optimierte Lastverteilung 111
 6.3   Testen und Debuggen 113
       6.3.1   Testen 113
       6.3.2   Debugging 115
       6.3.3   Fazit 116
 6.4   Versionierung 116
       6.4.1   Fazit 117
 6.5   Komposition 117
       6.5.1   Fazit 118
 6.6   Koordination 119
       6.6.1   Taxonomie von Koordinationsmodellen 119
       6.6.2   Direkte Koordination 120
       6.6.3   Versammlungs-Koordination 120
       6.6.4   Nachrichtenbrett-Koordination 120
       6.6.5   Tupelraum-Koordination 121
       6.6.6   Einordnung von regelbasierten Systemen 121
       6.6.7   Fazit 121
 6.7   Werkzeugunterstützung 122
       6.7.1   UML 122
       6.7.2   Automatische Codegenerierung 123
       6.7.3   Entwurfsmuster 124
       6.7.4   Kommunikation 124
       6.7.5   Reiseplanung 124
       6.7.6   Integrierte Ausführung 125
       6.7.7   Verteiltes Debuggen 125
       6.7.8   Verteilte Laufzeitanalyse 126
       6.7.9   Regeln 126
       6.7.10 Fazit 127
 6.8   Zusammenfassung 127

7 Fazit **129**
 7.1   Zusammenfassung 129
 7.2   Bewertung 131

Abbildungsverzeichnis

1.1	Hype Zyklus	10
2.1	Übersicht Agentensystem	15
2.2	Aufbau eines Agentenortes	16
2.3	Zustandsdiagramm eines Agenten	20
2.4	JEE 3-tier-Architektur	24
3.1	Verzeichnisarchitekturen	31
3.2	Fehlende Vollverbindung	36
3.3	Topologien der Vernetzung	37
4.1	Okeanos Verzeichnisstrukturen	51
5.1	Bandbreitenverteilung in Mobile-Agenten-Systemen	59
5.2	Fallstudie verteiltes SAT-Solving	65
5.3	Sequenzdiagramm der verteilten Suche	70
5.4	Java Mobile Edition Überblick	77
5.5	TINI Gerät	87
5.6	Releases und Versionen	90
5.7	Architektur für Mietkomponenten	94
5.8	Wachstumsraten Plattenspeicher vs. LAN	100
6.1	Warteschlangendistanz	112
6.2	Koordinationsmodelle für Mobile Agenten	119

Tabellenverzeichnis

2.1 Einordnung von Agenten 14

5.1 Eigenschaftsmatrix für Agentenanwendungsdomänen 55

Kapitel 1

Einleitung

1.1 Überblick

Mobile Agenten sind Softwarekomponenten, die ihren eigenen Zustand und Programmtext besitzen und eine gewisse Autonomie im Verhalten an den Tag legen. Sie sind daher ähnlich gekapselt wie Objekte im objektorientierten Programmierparadigma. Allerdings ist ein zusätzlicher Kernbestandteil die Mobilität des Agenten über Grenzen eines Rechnersystems hinaus, wobei der Ausführungszustand mit transferiert wird. Eine genauere Definition von Agenten und Mobilen Agenten folgt im Laufe dieser Dissertation.

Die Entwicklung neuer Technologien in der Informatik folgt meistens dem von der Gartner Group entwickelten Hypezyklus. Zuerst gibt es einen steilen Anstieg in der öffentlichen Aufmerksamkeit vom *technologischen Auslöser* bis zum *Gipfel der überzogenen Erwartungen*, dann fällt die Beachtung bis in das *Tal der Enttäuschung*, um anschließend über den *Pfad der Erleuchtung* in ein etwas höheres *Plateau der Produktivität* überzugehen. Auch Mobile Agenten gehen durch diese Entwicklung. In den 90er Jahren des letzten Jahrhunderts begann die Forschung in diesem Bereich vermehrt Aufmerksamkeit zu generieren. Um etwa 1997 hat die Technologie den *Gipfel der überzogenen Erwartungen* überschritten und hat ca. seit dem Jahr 2005 das *Tal der Enttäuschung* verlassen (vgl. Abb. 1.1). Momentan finden sich vermehrt Anwendungen aus anderen Bereichen, die Techniken von Mobile Agenten verwenden, sie aber unter einem anderen Namen führen. Beispielsweise finden sich im Bereich der Sensornetzwerke sowohl die technische Umsetzung von Mobilen Agenten, als auch die führenden Forscher wie z. B. Zambonelli [KZ07] und Picco [CGG+05] aus der Hype-Ära der Agenten wieder.

Mobile Agenten sind, ähnlich einer Middleware, eine Kommunikations- und Transportabstraktionsschicht (vgl. [Ber96]). Zusätzlich bieten sie eine hohe Flexibilität zur Laufzeit und die Unterstützung von Nomadic Computing, was aber durch eine einheitliche Ausführungsumgebung erkauft wird (vgl. [Gei01]). In Erweiterung zu einer Middleware, die als Abstraktion zur Entwicklung der eigentlichen Softwareanwendung dient, können Mobile Agenten auch als

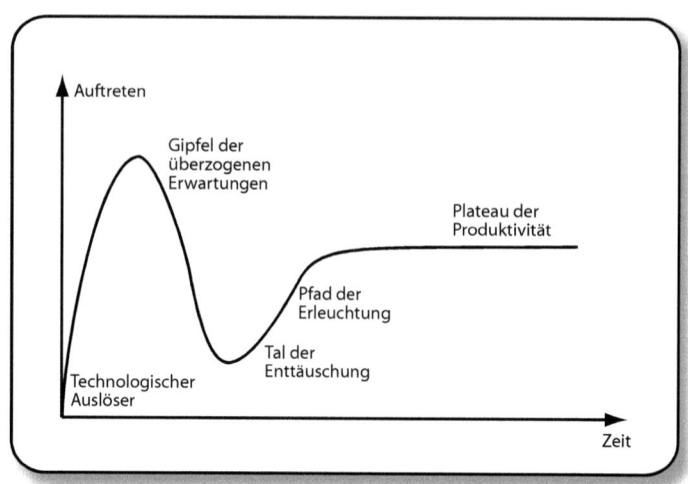

Abbildung 1.1: Der Gartner Hypezyklus (verändert nach Gartner Group)

Bausteine verwendet werden und somit selbst Anwendungen bilden. Sie sind sehr flexibel einsetzbare Komponenten, die eine Vielzahl von Softwarelösungen ermöglichen. Besonders ihre Adaptivität auf veränderte Umgebungen, wie z. B. temporäre Verbindungen oder schwankenden Bandbreite, machen sie für hoch verteilte Aufgaben interessant.

Der Transfer eines Programms inmitten der Ausführung bedeutet natürlich einen größeren Overhead und daher muss der Einsatz von Mobilen Agenten genau abgewogen werden. Ziel der Arbeit ist die Vorstellung und Abgrenzung von Mobilen Agenten und anderen mobilen Codetechnologien. Dabei soll erörtert werden, warum nach dem Hype, trotz breit angelegten Forschungsinteresses, nur wenige industrielle Anwendungen entstanden sind. Es werden verschiedene Anwendungsfälle diskutiert und auf die Eignung für Mobile Agenten hin überprüft. Schließlich soll untersucht werden, welche Faktoren den Einsatz bestimmen und eventuell die Anwendung von Mobilen Agenten verhindert haben.

1.2 Aufbau der Dissertation

Die vorliegende Dissertation stellt in Kapitel 2 die grundlegenden Konzepte von Mobilen Agenten vor. Nach einer Definition der Begriffe *Agent* und *Mobiler Agent* werden die Bestandteile eines Agentensystems näher erläutert und eine Abgrenzung zu anderen Technologien getroffen. Aufbauend auf dieser konzeptionellen Beschreibung werden in Kapitel 3 die Implementierungsdetails und -varianten der einzelnen Komponenten vorgestellt. Hier wird ausführlich auf die verschiedenen Varianten und ihre Bedeutung für den Entwicklungsaufwand und die Perfor-

1.2 Aufbau der Dissertation

mance bzw. die Skalierbarkeit eingegangen.

Kapitel 4 beschreibt das im Rahmen dieser Dissertation enstandene Agentensystem.

Nach den Grundlagen folgt in Kapitel 5 die Untersuchung möglicher Anwendungsdomänen, für die Mobile Agenten geeignet sind. Zuerst wird eine Eigenschaftsmatrix eingeführt und diese durch präzise Erörterung fundiert. Zahlreiche Fallbeispiele belegen die gefundenen Eigenschaften.

Neben den Anwendungsdomänen ist die Unterstützung bzw. Erfahrung in softwaretechnischen Aspekten für die Entwicklung und den Betrieb von Mobile-Agenten-Anwendungen wichtig. Auf diese wird in Kapitel 6 eingegangen. Zum einen werden Themen wie Überwachung und Fehlersuche behandelt. Zum anderen wird der Aufbau von Anwendungen aus Mobilen Agenten betrachtet. Schließlich gibt der Autor eine Übersicht über notwendige und hilfreiche Werkzeuge und ihre aktuelle Verfügbarkeit.

Die Dissertation schließt mit einer Zusammenfassung der Ergebnisse und dem Fazit in Kapitel 7.

Kapitel 2

Mobile-Agenten-Systeme

2.1 Definition

Der Begriff *Agent* wird häufig synonym für viele verschiedene Dinge verwendet. Im Folgenden werden unterschiedliche Definitionen beleuchtet und der Begriff für diese Arbeit definiert.

2.1.1 Agent

Der Ausdruck *Agent* ist, wie viele andere auch, aus dem englischen in die deutsche Sprache überführt worden. Im Deutschen Sprachgebrauch wird damit der Agent als *Vertreter* bezeichnet. Aus der englischen Übersetzung gibt es die zusätzliche Bedeutung als wirksame Substanz. Der englische Begriff ist somit weiter gefasst.

In der allgemeinsten Form bezeichnet ein *Agent* jegliche Art von definierten, aktiven Softwarekomponenten (vgl. [Szy02]). Eine allgemein akzeptierte Einschränkung des Begriffs wird durch die Beschränkung von Agenten auf autonome, proaktive Softwarekomponenten getroffen. Diese Spezialisierung impliziert weitere Eigenschaften von Agenten:

Autonomie Die Lebensdauer eines Agenten muss in der Regel durch ihn selbst bestimmt sein. Er darf nicht willkürlich beendet werden. (*Beständigkeit*)

Aktivität Agenten werden aufgrund der wahrgenommenen Umwelt aktiv. Sie müssen daher mit anderen Agenten in einer einheitlichen Sprache kommunizieren. (*Kommunikation*)

Proaktivität Agenten können ihr Ziel nicht alleine erreichen. Sie müssen andere Agenten dazu verwenden und mit ihnen kooperieren. (*Kooperation*)

Softwareagenten lassen sich folglich über die fünf Eigenschaften *Autonomie*, *Proaktivität*, *Kooperation*, *Kommunikation*, und *Beständigkeit* charakterisieren. Sie sind durch diese Eigenschaften von einfachen Softwareobjekten, -komponenten und -programmen abgegrenzt (vgl. Tabelle 2.1). Die Einordnung ist oft schwierig, da ein Agent auch ein einzelnes Objekt oder eine Komponente sein kann.

Eigenschaft	Objekt	Komponente	Programm	Agent
Kommunikation	Schnittstelle	Schnittstelle	API /GUI	Agentensprache
Kooperation	Linkzeit	Linkzeit	grobgranular dynamisch	feingranular dynamisch
Proaktivität	nein	nein	typabhängig	typabhängig
Autonomie	nein	nein	ja	ja
Beständigkeit	nein	nein	nein	ja

Tabelle 2.1: Einordnung von Agenten gegenüber Objekt, Komponente und Programm.

Außerdem gibt es verschiedene Ansätze, Agenten einer weiteren Klassifikation zu unterziehen. Franklin und Graesser teilen Agentenklassen anhand der Eigenschaften *Kommunikationsverhalten, Mobilität, Lernfähigkeit, Flexibilität* und *Charakter* auf [FG96]. Die Einteilung in die Dimensionen Mobilität, Lernfähigkeit und Kommunikationsverhalten sind dabei noch relativ einfach. Begriffe wie Flexibilität und Charakter sind in sich aber so vielschichtig, dass sie förmlich zum Widerspruch anregen.

Selbst die scheinbar objektiven Eigenschaften sind nicht einfach festzulegen. Um die Fragen der Art "Wie proaktiv ist der Agent?" zu umgehen, geht der Autor in dieser Arbeit von einer pragmatischen Definition von Agenten aus. Wie im Folgenden beschrieben, benötigen Mobile Agenten immer eine bestimmte Infrastruktur (vgl. Kapitel 2.2). Daraus ergibt sich die

Pragmatische Definition: Agenten, und im speziellen Mobile Agenten, sind Komponenten, die diese Infrastruktur verwenden und Agenteneigenschaften besitzen.

2.1.2 Mobiler Agent

Ein Mobiler Agent ist ein Agent laut vorheriger Definition, der seinen Ausführungsort selbstständig frei wählen kann. Der Ausführungsort ist eine auf einem Computer installierte Infrastruktur, die ihrerseits mit anderen Ausführungsorten vernetzt ist und Mobile Agenten interpretiert.

Die Mobilität ist eine garantierte Eigenschaft des Agentensystems. Zur Migration (vgl. Kapitel 2.2.2.1) nimmt ein Mobiler Agent die Dienste der Ausführungsumgebung in Anspruch. Die Garantie der freien Ortswahl ist nur durch die Verfügbarkeit des Zielortes und Restriktionen wie Sicherheits- und Stabilitätsanforderungen des Agentensystems beschränkt. D. h., in aller Regel kann ein Mobiler Agent seinen Ausführungsort frei wählen.

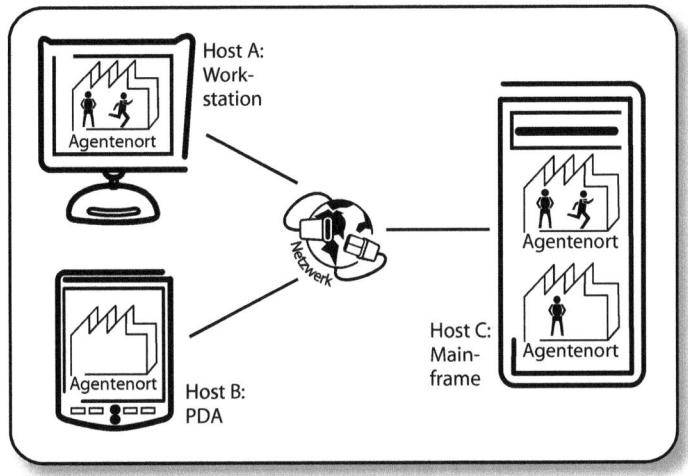

Abbildung 2.1: Übersicht eines Agentensystems. Die durch ein Netzwerk verbundenen Hosts besitzen ein oder mehrere Agentenorte.

2.2 Agentensysteme

2.2.1 Aufbau

Ein Agentensystem besteht aus einer Menge von Agentenorten, die über ein Netzwerk miteinander verbunden sind. Ein Agentenort ist eine Ausführungsumgebung für mobile und stationäre Agenten. Ein Hostcomputer kann je nach seiner Leistungsfähigkeit mehrere Agentenorte ausführen. Es kommen die verschiedensten Computersysteme vom Mainframe bis zum PDA als Host in Frage (vgl. Abb. 2.1).

Ein Agentenort stellt den Agenten eine Ausführungsumgebung zur Verfügung, in der sie neben Ressourcen und Kommunikationsmittel auch ihr Überleben garantiert bekommen. Im Folgenden werden die einzelnen Garantien näher betrachtet:

Ausführungszeit Den Agenten steht ein Minimum an CPU-Zeit zu, so dass sie ihre Aufgaben in angemessener Zeit erfüllen können.

Speicher Agenten können den für ihre Arbeit benötigten Speicher reservieren, so lange keine Konflikte mit anderen Komponenten des Agentenortes und des Hostsystems auftreten.

Kommunikation Der Agentenort stellt eine Infrastruktur zur Verfügung, damit die Agenten untereinander kommunizieren können. Externe Kommunikation über die Grenzen des Agentenortes hinweg ist optional und in manchen Agentensystemen implementiert.

Unversehrtheit Alle Agenten sind untereinander abgeschottet und können sich nicht gegenseitig manipulieren. Durch die Infrastrukturaufgaben des Ortes hat dieser vollen Zugriff auf Agenten. Der Agentenort garantiert Agenten, sie nicht zu manipulieren. Tatsächlich ist dieser Punkt eine schwerwiegende Sicherheitsfrage (vgl. Kap. 3.7.1).

Fehlertoleranz Sollte ein Agent abstürzen, so wird er an seinem letzten Checkpoint [1] wieder aufgesetzt.

Aufbau und Arbeitsweise von Agenten werden im Kapitel 2.2.3 näher erläutert.

2.2.2 Agentenort

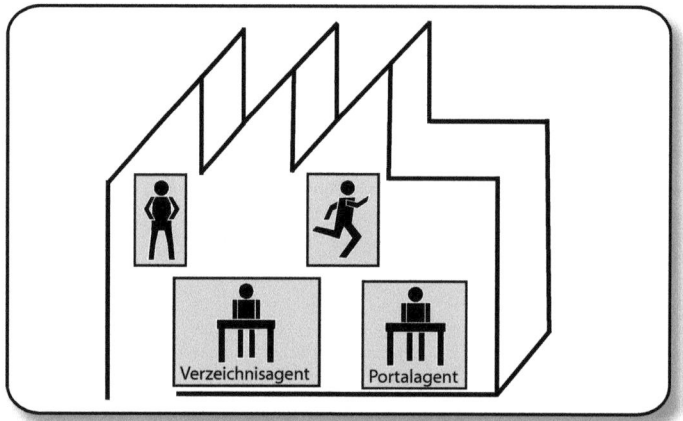

Abbildung 2.2: Aufbau eines Agentenortes mit den einzelnen Agententypen und Basisdiensten. Die Agenten sind voneinander separiert, damit sie sich nicht beeinträchtigen können.

Ein Agentenort ist eine Ausführungsumgebung für Agenten. Wie in Abbildung 2.2 ersichtlich ist, sind die Agenten wiederum in sog. *Sandboxen* eingebettet, um eine Beeinflussung von und durch andere Agenten zu verhindern. Außerdem stellt der Ort Kommunikationsmittel zur Verfügung. In der Abbildung ist ein Nachrichtenbus abgebildet. Es können aber auch andere Systeme wie z. B. Tupelräume [GCCC85] verwendet werden.

Zu den Basisdiensten eines Agentenortes gehören der Verzeichnisdienst (vgl. Kapitel 2.2.2.4) und der Migrationsdienst (vgl. Kapitel 2.2.2.1). Zusätzlich können noch weitere Dienste von ei-

---

[1] Ein Checkpoint ist ein definierter Zustand einer Anwendung zu einer bestimmten Zeit. An einem Checkpoint wird der Zustand einer Anwendung gespeichert. Falls die Ausführung ab diesem Checkpoint erneut aufgesetzt wird, ist dies für die Anwendung transparent.

nem Agentensystem als Basisdienste definiert werden. Applikationsabhängige Dienste werden durch stationäre oder migrationsfähige Agenten zur Verfügung gestellt.

2.2.2.1 Migration

Der Migrationsdienst ist ein Kernbestandteil eines Agentenortes. Vereinfacht ausgedrückt reist der Agent zu einem anderen Ort. Diese Vorstellung ist jedoch keine aktive Tätigkeit des Agenten, sondern der Agentenort sorgt dafür, dass der Agent abgemeldet, verpackt, transportiert und am Zielort wieder ausgeführt wird. Der Agent selbst fordert lediglich seine Migration an. Falls ein Fehler auftritt, wird der Agent am Ausgangsort neu instanziiert und gestartet. Der Agentenort sorgt für die Einmaligkeit des Agenten innerhalb des gesamten Agentensystems. Eine unbeabsichtigte Aufteilung eines Agenten in zwei Instanzen mit derselben Identität könnte unabsehbare Folgen haben.

Man unterscheidet zwischen weicher Migration (engl. *soft migration*) und harter Migration (engl. *hard migration*). Bei letzterer wird die Ausführung des Agenten bei einem Migrationswunsch sofort unterbrochen, der Agent verschickt und anschließend am Zielort ab der Unterbrechungsstelle wieder aufgesetzt. Für den Agenten ist die Migration daher transparent. Probleme entstehen durch die Verwendung externer Ressourcen zur Migrationszeit, wie z. B. Dateien oder externe Netzwerkverbindungen. Am Zielort findet der Agent auch unterschiedliche Zugriffsrechte vor und kann daher mitten in seiner Bearbeitung abgebrochen werden. Es müssen daher Vorkehrungen getroffen werden, um diese Probleme abzufangen und aufzulösen. Fehlersituationen werden dem Agenten explizit über seine Kommunikationsschnittstelle mitgeteilt.

Die weiche Migration geht davon aus, dass der Agent nach der Anforderung zur Migration in einen Zustand gerät, in der er leicht transportiert werden kann. Es dürfen keine externen Ressourcen mehr in Anspruch genommen werden und der Agent muss die Bereitschaft zur Migration signalisieren. Am Zielort angekommen, gibt es bestimmte Einstiegspunkte, an denen der Agent wieder ausgeführt werden kann. Im Falle eines Fehlers, kann ein Einstiegspunkt zur Fehlerbehandlung gewählt werden und der Agent implizit über einen Fehler informiert werden.

Der große Vorteil der harten Migration besteht in der Transparenz für den Agentenentwickler. Dies wird durch die erhöhten Anforderungen an einen Agentenort erkauft. In einigen Programmiersprachen, wie z. B. Java, ist es allerdings nicht möglich, einen laufenden Thread zu migrieren. Daher steht bei diesen Programmiersprachen nur die weiche Migration zur Verfügung. Hier muss der Agentenentwickler explizite Einstiegspunkte zur Wiederaufnahme der Ausführung definieren und selbst dafür Sorge tragen, dass der Agent einen transportierbaren Zustand erreicht.

Agenten können frei wählen, an welche Orte sie migrieren möchten. Dabei sind einige Voraussetzungen zu beachten. Der Zielort muss direkt erreichbar sein oder die Route zum Zielort muss verfügbar sein (vgl. Kapitel 3.3). Außerdem muss der Zielort entsprechend seiner Sicherheitsrichtlinie den Agent akzeptieren bzw. die vom Agent gewünschten Sicherheitsmerkmale aufweisen.

Schließlich kann es zu Konflikten bezüglich der Kommunikationsabsprachen zwischen Agenten kommen. Ist die Kommunikation zwischen Agenten lose und nicht durch eine Session geschützt, reißt sie bei der Migration eines Partners ab. Wird sie geschützt, so ist die Autonomie der Agenten geschwächt, weil zuerst die Kommunikationssession beendet werden muss. Wird die Kommunikation zwischen Agenten auch über Ortsgrenzen hinweg aufrechterhalten, potenzieren sich oben genannte Anforderungen an Ausgangsort, Zielort und Verbindung dazwischen. Einige Agentensysteme wie z. B. *Okeanos* [SBS+00] bieten daher standardmäßig keine entfernte Agentenkommunikation an.

2.2.2.2 Ressourcen

Ein Agentenort stellt den Agenten Ressourcen zur Verfügung. Dazu gehören vitale Ressourcen wie Hauptspeicher und CPU-Zeit, aber auch Ein- und Ausgabemöglichkeiten. Diese Ressourcen werden entsprechend den Sicherheitsrichtlinien und des Scheduling des Agentenortes verteilt. Der Ort hat dafür zu sorgen, dass kein Agent durch andere unzulässig blockiert wird. Auch Zugriffe auf ortsferne Ein- und Ausgaberessourcen wie Dateien und Netzwerkverbindungen werden durch den Agentenort reglementiert.

Dienste werden nicht nur vom Agentenort sondern auch von anderen Agenten erbracht. Diese Ressourcen liegen nicht in der Verantwortung des Ortes, sondern sind durch den jeweiligen Agenten bestimmt.

2.2.2.3 Kommunikation

Die Kommunikation zwischen Agenten ist eine Kernaufgabe des Agentenortes. Grundsätzlich gibt es die Unterscheidung zwischen synchroner und asynchroner Kommunikation. Agenten stellen lose gekoppelte Komponenten dar, deshalb passt zu ihnen die asynchrone Kommunikation besser.

Logisch ist die Kommunikation ein unbestätigter Nachrichtenaustausch. Dies ist auch der Grundgedanke der Sprachen zur Agentenkommunikation (vgl. Kap. 3.2). Auf dieser Basis lassen sich durch Anwendungslogik bzw. zusätzliche Verfahren auch synchrone Kommunikationswege aufbauen, falls die Anwendung das verlangt.

Funktionen zur Gruppenkommunikation werden auch vom Agentenort verwaltet und überwacht. Dabei können sich Agenten bei einer Gruppe an- und abmelden. Die Informationen innerhalb der Gruppe erreichen jeden Teilnehmer (engl. *multicast*). Der sendende Agent muss sich dabei darauf verlassen können, dass seine Nachrichten bei allen Teilnehmern ankommen. Es handelt sich also um einen zuverlässigen Multicast (vgl. [CDK02] S. 509ff).

2.2 Agentensysteme

In jedem Fall können Agenten direkt miteinander kommunizieren, wobei es unerheblich ist, ob die Kommunikation lokal oder entfernt stattfindet. Teilweise werden Sitzungen zwischen den Agenten aufgebaut, so dass der Zustand der Kommunikation klar definiert ist. Ein Agent löst die Sitzung auf und signalisiert damit das Ende seiner Bereitschaft, mit dem anderen Agenten zu kommunizieren.

2.2.2.4 Verzeichnis

Damit Agenten miteinander kommunizieren können, müssen sie sich gegenseitig adressieren. Jeder Agent muss folglich eine eindeutige Kennung (engl. *identity* oder *ID*) besitzen. Da die Agenten innerhalb des Systems migrieren können, ist diese ID systemweit eindeutig. An diese ID sind zunächst keinerlei semantische Informationen geknüpft, welche Aufgaben der Agent erfüllt bzw. welche Dienste er anbietet. Die Relation von Agenten und Diensten wird durch ein Verzeichnis erstellt. Durch Auslesen des Verzeichnisses ist es Agenten möglich, den Anbieter eines bestimmten Dienstes ausfindig zu machen.

Die Strukturen dieses Verzeichnisses unterscheiden sich stark zwischen den Agentensystemen. Man findet hier die von den verteilten Systemen bekannten Probleme wieder [LH89]. Das Problem, den globalen Zustand zu ermitteln, die Konsistenz des globalen Verzeichnisses zu erhalten und die Aktualität zu gewährleisten. Dies ist auf einfache Weise mittels eines zentralen Verzeichnisses möglich. Leider hat dies wiederum zwei Nachteile. Zum einen skaliert diese Architektur weder im Bezug auf die Anzahl der Agenten, noch auf die Anzahl der Orte. Zum anderen stellt es einen zentralen Schwachpunkt (engl. *single point of failure*) dar.

Manche Systeme ignorieren diese Probleme und setzen auf ein zentrales Verzeichnis. Andere verteilen das Verzeichnis und müssen die zuerst genannten Aufgaben lösen. Verschiedene Implementierungen werden in Kapitel 3.1.3 näher betrachtet.

2.2.3 Agenten

Durch die Agenten werden die Aufgaben erledigt und die Applikation implementiert. Jeder Agent stellt somit einen Serviceanbieter und / oder einen Servicebenutzer dar. Meistens ist ein Agent beides gleichzeitig. Er bietet einen Dienst an, indem er andere Dienste in Anspruch nimmt (Serviceaggregation). Diese service–orientierte Sichtweise erleichtert den Umgang mit Agenten, weil man nicht mehr die konkrete Implementierung betrachtet, sondern die Interaktion und Aggregation von Diensten.

Im Folgenden werden der Lebenslauf eines Agenten und die verschiedenen Ausprägungen von Agenten betrachtet. Konkrete Implementierungen folgen in Kapitel 3.

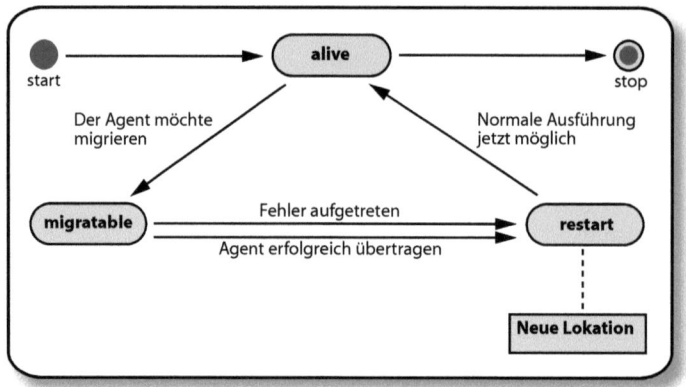

Abbildung 2.3: Zustandsdiagramm eines Agenten.

2.2.3.1 Lebenszyklus

Ein Agent durchläuft die in Abbildung 2.3 dargestellten Zustände. Bei seiner Erzeugung (*start*) legt der Agentenort entsprechende Einträge und Datenstrukturen an, um den Agenten zu verwalten. Der Agent geht dann in den lebendigen Zustand (*alive*) über. Aus diesem Zustand kann er entweder migrieren oder sich beenden (*stop*). Der Agent wird im Normalfall nicht beendet sondern im Fehlerfall erneut aufgesetzt (*restart*). Der migrationsfähige Zustand (*migratable*) bedeutet, dass der Agent bereit ist, verschickt zu werden und alle lokalen Aktivitäten beendet sind. Im darauf folgenden Schritt findet die Migration (*migration*) und der anschließende Neustart (*restart*) am Zielort statt. Nach dem Neustart befindet sich der Agent wieder im Zustand *alive*. Auftretende Fehler führen zu einem Neustart des Agenten, damit er die Fehlerursache beheben kann.

2.2.3.2 Typologie

Wie bereits erläutert, wird der Begriff *Agent* vielfältig verwendet. Innerhalb des hier angesprochenen Bereiches gibt es zahlreiche weitere Unterteilungen von Agentenklassen, von denen einige hier näher betrachtet werden sollen.

Nwana [Nwa96] nennt in ihrer Veröffentlichung als grundlegende Dimensionen zur Unterscheidung von Agenten *Autonomie*, *Kooperation* und *Lernfähigkeit*. Zur Gruppe der Agenten werden nur Softwarekomponenten gezählt, die mindestens zwei der drei Eigenschaften besitzen.

Darauf aufbauend identifiziert sie sieben Typen von Agenten, die im Folgenden kurz skizziert werden. Diese spannen einen Typenraum mit ebensolcher Dimensionalität auf. Sie klassifizieren Agenten sowohl durch ihren Aufbau als auch durch ihr Verhalten:

2.2 Agentensysteme

Kollaborative Agenten Bei kollaborativen Agenten legt man den Schwerpunkt auf Autonomie und Kooperation. Man setzt sie ein, um Probleme zu lösen, die für ein zentrales System zu groß oder aus anderen Gründen ungeeignet sind. Dazu gehört z. B. die Integration von vielen Altsystemen oder Anwendungen, die inhärent verteilt sind wie Sensornetzwerke. Die Hauptaufgaben in diesen Bereichen liegen in der Koordination und dem Management der Agenten um einerseits die Anwendungsfunktionen zu erfüllen und andererseits die Stabilität und Performance zu gewährleisten.

Interfaceagenten Schnittstellenagenten dienen der Interaktion zwischen dem menschlichen Benutzer und der Agentenanwendung. Im Gegensatz zu den kollaborativen Agenten, bei denen die Kooperation mit anderen Agenten im Vordergrund steht, geht es hierbei um die Kooperation mit dem Menschen. Ziel dieser Agententypen ist es, nicht nur eine reine Manipulation anzubieten, sondern den persönlichen Stellvertretern zu vertrauen, auch weitergehende, u. U. wiederkehrende Arbeitsschritte zu übernehmen. Dabei kann der Agent auf die unterschiedlichen Benutzer eingehen und sie unterstützen.

Die Agenten studieren das Benutzerverhalten und passen sich entsprechend an, um die Interaktion zu unterstützen. Die Kooperation mit anderen Agenten kann dabei nützlich sein, da sie zusätzliche Informationen über den Zustand der Anwendung berücksichtigen können.

Mobile Agenten Mobilität ist weder eine notwendige noch eine hinreichende Eigenschaft eines Agenten. Der Agent kann mobil sein, muss es aber nicht. Alle Funktionalitäten lassen sich auch ohne Mobile Agenten implementieren. Die Annahme ist, dass sich durch Mobilität nicht-funktionale Anforderungen wie z. B. Performance oder Skalierbarkeit leichter erreichen lassen. Damit sind nur geringe lokale Ressourcen notwendig, da der Agent seine Arbeit hauptsächlich auf anderen Systemen verrichtet und dadurch auch asynchron, also ohne das initiale System arbeiten kann. Außerdem ermöglichen Mobile Agenten eine flexible Infrastruktur für parallele und verteilte Anwendungen und damit auch die Möglichkeit den Entwurf solcher Anwendung grundlegend zu ändern.

Die Herausforderungen an Mobile Agenten sind hauptsächlich im Bereich der Sicherheit und der Interoperabilität angesiedelt.

Informationsagenten Diese Agenten sind durch ihr Handeln definiert. Sie sammeln Informationen aus verschiedenen Quellen und filtern die Daten entsprechend der Anwendung. Sie können mobil oder auch stationär sein. Im Sinne einer Aufgabenverteilung stellen sie die Filterstufe der Informationsverarbeitung dar.

Reaktive Agenten Diese Agenten besitzen kein internes Abbild ihrer Umwelt. Sie reagieren auf Anfragen nach einem bestimmten Schema und bilden daher die Bausteine für komplexere Anwendungen. In Analogie zu *Service-Orientierten Architekturen (SOA)* bilden sie zustandslose Dienste. Emergentes Verhalten können sie trotzdem zeigen wie z. B.

durch zelluläre Automaten gezeigt [Ode03].

Hybride Agenten Die Zusammenfassung von mehreren obigen Eigenschaften führt zu einem hybriden Agenten. Man versucht damit die Vorteile von verschiedenen Typen zu integrieren und die Nachteile der jeweiligen Agentenklasse zu minimieren.

Heterogene Agentenanwendungen Diese Anwendungen bestehen aus Agenten, die nicht hybrid sind, aber aus unterschiedlichen Typen zusammengesetzt sind. Sie sind also in ihrer Abgeschlossenheit sehr spezifisch, erreichen aber die Flexibilität und Ziele durch die Zusammenarbeit mit anderen Agententypen. Die Annahme ist, dass das neuartige Design von Agentenanwendungen nur überschaubar bleibt, wenn die Vermischung der einzelnen hervortretenden Merkmale nicht innerhalb eines Agenten statt findet. Man spricht dabei auch von der *separation of concerns*, d. h. von der Trennung der einzelnen Aufgaben.

Diese Einteilung von Nwana [Nwa96] ist nur eine von vielen und wird dieser Arbeit zugrunde gelegt. Ziel einer Kategorisierung ist es, die Sprache der Entwickler und Stakeholder untereinander zu vereinheitlichen wie dies z. B. mit der UML [FS99] und den Entwurfsmustern [GHJV95] an anderer Stelle geglückt ist.

2.2.4 Aufbau von Anwendungen

2.2.4.1 Agenten

So unterschiedlich die Art der Agenten und ihrer Implementierung ist, so vielfältig ist auch ihre Arbeitsweise. Die grundlegenden Arbeitsschritte beinhalten die Abfrage bzw. das Warten auf neue Nachrichten oder Ereignisse und die entsprechende Reaktion darauf. Ein Ereignis muss nicht extern erzeugt sein, sondern kann z. B. auch auf einer internen Uhr basieren.
Als Blackbox betrachtet, hat ein Agent Ein- und Ausgaben über seine Kommunikationsschnittstelle. Nebeneffekte in die Umwelt hinein haben v. a. Agenten, die *Legacy*-Systeme anbinden. Auf die Beschreibung der Abläufe in Abhängigkeit von der Implementierung wird in Kap. 3 näher eingegangen.

2.2.4.2 Komposition

Agentenanwendungen werden durch die Kooperation verschiedener Agenten ausgeführt. Dabei stellen sie unterschiedliche Arten von Dienstleistungen zur Verfügung, um die Agentenanwendung auszuführen. Die koordinierte Verwendung der einzelnen Agenten ist eine Komposition von Diensten wie man sie auch aus den *Service-Orientierten Architekturen (SOA)* kennt. Die Dienste sind in einer SOA üblicherweise zustandslos. Für Agenten gilt dies von der Zielsetzung her nicht, da gerade der Zustand, also das Wissen um das Umfeld des Agenten sein Handeln beeinflusst.

Die Agenten bilden die Bausteine aus denen die Anwendung zusammen gesetzt wird. Dabei existiert keine zentrale Kontrolle, sondern die einzelnen Agenten koordinieren sich autonom untereinander. Auch die Verteilung der Agenten innerhalb des Gesamtsystems und deren Verwendung von externen Ressourcen wird dezentral organisiert.

2.3 Abgrenzung zu anderen Technologien

2.3.1 Multiagentensysteme

Multiagentensysteme und Mobile-Agenten-Systeme werden durch ihre gemeinsame Abkürzung *MAS* gerne verwechselt. Außerdem werden in beiden Systemen gleichermaßen eine Vielzahl von Agenten verwendet. Der Ansatz von Multiagentensystemen ist jedoch im Bereich der Forschung zur *Künstlichen Intelligenz* (*KI*) angesiedelt, wohingegen Mobile-Agenten-Systeme aus der Richtung der Systemprogrammierung und dem *Verteilten Rechnen* kommen. Beide Forschungsbereiche kooperieren nur wenig miteinander, so dass dieselben Problem oftmals unabhängig und daher mehrfach gelöst werden. Mobilität ist für die Multiagentensysteme kein Thema, wie folgendes Zitat unterstreicht:

> I agree this idea of mobile agents is definitely an appealing one. It sounds very elegant and interesting. However, once you ask the question, what can you do with mobile agents that you cannot do with stationary agents, there is no satisfactory answer that I've come across. So again, I'm not going to worry about mobile agents unless I have a need for them. [Mae97]

Diese Aussage von Pattie Maes, Gründerin der *Software Agents Group* innerhalb des *MIT Media Lab*, verdeutlicht die Abgrenzung der KI Forschung zu Mobile-Agenten-Systemen. Ziel von Multiagentensystemen ist es, durch viele kleine Dienstleister (Agenten) eine Aufgabe zu erledigen. Vorbilder sind z. B. Ameisenkolonien [Ode02]. Jede einzelne Ameise ist nicht besonders schlau, aber zusammen ist es ihnen möglich, große Bauten zu errichten. Teilweise erhofft man sich auch, Leistungen zu ermöglichen, die über die Summe der Einzelteile hinausgeht (engl. *emergent behavior*). Spätestens an dieser Stelle wird der Unterschied zum Anspruch der Mobile-Agenten-Systeme deutlich.

2.3.2 Client-Server-Architekturen

Client-Server-Architekturen (*C/S*) bestehen aus mindestens zwei Schichten (engl. *tiers*), dem Client und dem Server. Normalerweise werden zusätzliche Zwischenschichten eingezogen, so dass man zu einer Multi-Tier-Architektur kommt. Die Firma SUN hat eine 3-tier-Architektur entworfen [JBC+07]. In Abbildung 2.4 erkennt man die einzelnen Schichten. Der Thin-

Client kontaktiert den Applikationsserver, der den Container für die Serverobjekte und die Darstellungsschicht, die der Aufbereitung der Applikationsdaten dient, enthält. Über eine *Connectorschicht* können diese auf verschiedene Backend-Systeme wie z. B. Datenbanken zugreifen. Falls man die Präsentations- und Connectorschicht als einzelne Tiers zählt, entspricht dies einer 5-tier-Architektur. Die Festlegung der Granularität von Tiers wird pragmatisch im Zusammenhang getroffen. Zur Beschreibung der Aufteilung zur Ausführungszeit definiert man sog. *Deployment-Tiers*, in einer Schichtenarchitektur definiert man aus logischer Sicht eventuell eine andere Anzahl an Tiers. Üblicherweise wird z. B. die Connectorschicht innerhalb des Applikationsservers ausgeführt und daher zum mittleren Tier hinzu gerechnet.

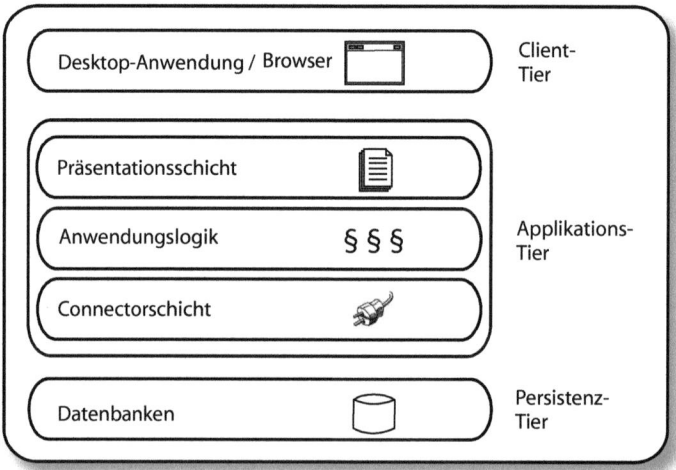

Abbildung 2.4: JEE 3-tier-Architektur nach [JBC+07] S. 43

Falls man die Objekte zur Kapselung der Anwendungslogik als Agenten ansehen möchte, wären sie in so einer Architektur in dem Bereich zwischen Client und Persistenzschicht angesiedelt. Diese Agenten sind jedoch rein reaktiv. Sie verfolgen kein eigenes Ziel und werden komplett durch den Container gesteuert. Er bestimmt über ihren Lebenszyklus und ihre Verwendung. Die Zuordnung zu Client und Server ist in diesem Szenario statisch und zur Laufzeit üblicherweise nicht änderbar.

Mobile Agenten sind im Vergleich dazu viel flexibler. Außerdem fehlen den Serviceobjekten einer C / S-Architektur die Attribute der Autonomie und der Mobilität (vgl. Kapitel 2.3.3). Mit Mobile-Agenten-Systemen lassen sich auch C/S-Architekturen konstruieren, aber nicht umgekehrt. Daher ist ein Mobile-Agenten-System mächtiger bzw. flexibler als eine Multi-Tier C / S-Architektur.

2.3 Abgrenzung zu anderen Technologien

Ein weiteres Unterscheidungsmerkmal ist die Verteilung der Applikationslogik. Ziel einer Multi-Tier-Architektur ist die Konzentration der Applikationslogik auf eine einzige Schicht. Dies führt zu einer einfacheren Wartbarkeit. Wenn einzelnen Komponenten ausgetauscht werden, müssen nur die angrenzenden Schichten angepasst werden, nicht aber das gesamte System. In einem Mobile-Agenten-System verteilt sich die Applikationslogik auf die einzelnen Agentenklassen. Die Agenten kommunizieren durch ein standardisiertes Protokoll und sind somit auch für andere Agenten transparent austauschbar.

Der Unterschied zwischen der "klassischen" Multi-Tier-Architektur und Mobile- Agenten-Systemen besteht in der Sichtweise auf das Gesamtsystem. Während in der Multi-Tier-Architektur einzelne Aufgaben an bestimmte Schichten gekoppelt sind, werden bei Mobile-Agenten-Systemen Dienste miteinander verknüpft. Ersteres sieht eine starre Verbindung der Schichten vor, letzteres ist eine lose und auch zeitlich begrenzte Kopplung von Diensten. Diese Flexibilität erkauft man sich mit Leistungsverlusten gegenüber C / S-Architekturen, da die Dynamik solcher Systeme mehr Koordinationsaufwand bedeutet. Beide Architekturen haben ihre Anwendungsgebiete und keine macht die andere überflüssig (vgl. Kapitel 5).

2.3.3 Enterprise Java Beans

In einer *Java Enterprise Architecture (JEE)* spielen die *Enterprise Java Beans (EJB)* eine besondere Rolle. Im *Java EE 5 Tutorial* [JBC+07] sind alle Bestandteile der Architektur ausführlich dargestellt. Die EJBs kapseln die Anwendungslogik und haben für die verschiedenen Aufgaben unterschiedliche Ausprägungen. Mit der Version 3.0 der EJB Spezifikation sind die bisher bekannten *Entity Beans* zur Manipulation von Daten in externen Speichersystemen wie z. B. Datenbanken verschwunden. In der Version 5 der JEE sind die Entity Beans in der *Persistence API* aufgegangen.

Zur Kapselung der Geschäftslogik werden hauptsächlich *Session Beans* verwendet, die einen synchronen Aufruf unterstützen. Die Sitzung bezieht sich dabei entweder auf den einzelnen Aufruf, dann spricht man von *Stateless Session Beans*, oder sie besteht wie bei den *Stateful Session Beans* über mehrere Aufrufe. Zustandslose Beans skalieren besser, da der Container beliebige Instanzen einem Aufruf zuordnen kann. Andererseits ist es z. B. bei Webanwendungen notwendig, den Zustand der Benutzerinteraktion zwischen zu speichern. Des Weiteren existieren *Message-Driven Beans* die nachrichtenbasierte, asynchrone Kommunikation unterstützen. Meistens werden diese Beans über die *Java Message Service (JMS) API* angebunden.

Die Session Beans können ihre Schnittstelle entweder entfernt oder lokal exportieren. Durch die Komposition von Session Beans und Hilfsklassen wird die Anwendung implementiert. Werden die Session Beans entfernt verfügbar gemacht, kann das Gesamtsystem besser skalieren, da die einzelnen Beans über mehrere Rechner verteilt werden können.

Im Gegensatz zu Agenten besitzen die EJBs weder Autonomie, Lernfähigkeit noch eigenständige Mobilität. Im Gegenteil sind die Container normalerweise sehr restriktiv bzgl. der zur Verfügung gestellten Ressourcen. Der EJB Container kann als eine Art Agentenort gesehen werden. Einige Aspekte der Agentenanwendungen können tatsächlich durch EJBs abgedeckt werden, aber die Flexibilität ist gegenüber dem allgemeineren Ansatz der Mobilen Agenten deutlich eingeschränkt.

2.4 Zusammenfassung

Ein Agent ist eine Softwarekomponente, die autonom mit anderen Agenten kommuniziert, kooperiert und proaktiv agiert. Bei einem Mobilen Agenten kommt noch der Aspekt der Migration zwischen verschiedenen Ausführungsorten hinzu.

Agentensysteme bestehen aus einer Menge von Agentenorten, Agenten und der Interaktionen zwischen ihnen. Ein Agentenort stellt den Agenten notwendige Ressourcen zur Verfügung. Er erfüllt die Anforderungen an Sicherheit, Autonomie und Kommunikation für die Agenten. Die Agenten bilden als kooperierende Bausteine die Agentenanwendung. Dabei agieren sie als Dienstanbieter, um einen Teilbereich der Anforderung zu erfüllen.

Mobile Agenten sind durch ihre Nähe zur Systemprogrammierung gekennzeichnet. Sie erfüllen die technischen Aufgaben von komplexen Anforderungen und decken Bereiche der künstlichen Intelligenz höchstens sekundär ab. Im Gegensatz dazu sind Multiagentensysteme auf KI ausgerichtet. Im Vergleich zu klassischen Client-Server-Architekturen verhalten sich Agenten wie Geschäftslogikkomponenten innerhalb eines Applikationsservers. Die Möglichkeiten und Freiheitsgrade von Mobilen Agenten sind aber deutlich größer als in C / S-Architekturen.

Kapitel 3

Implementierungsdetails Mobiler Agenten

Dieses Kapitel behandelt die verschiedenen Architekturen und Implementierungsarten von Agentensystemen. Insbesondere wird auf Verzeichnisse, Kommunikationsprotokolle, Netzwerktopologien, Agentenprogrammierung und Monitoring eines Agentensystems eingegangen.

3.1 Verzeichnisse

Wie bereits in Kapitel 2.2.2.4 ausgeführt, ist das Dienstverzeichnis ein kritischer Bestandteil eines Agentensystems. Zur Beurteilung der unterschiedlichen Architekturen werden die Hauptprobleme im Zusammenhang mit Dienstverzeichnissen, nämlich die Skalierbarkeit, Verfügbarkeit und Konsistenz, eingehend untersucht.

Ein Mobile-Agenten-System muss über den Aufenthalt und die Identität von Agenten Buch führen. Da Agenten als Dienstanbieter funktionieren, muss auch ein System zur Verfügung stehen, um diese Dienste und damit die Agenten als Anbieter zu lokalisieren. Es werden also zwei Verzeichnisse benötigt:

1. ein Agentenverzeichnis mit den eindeutigen Agenten IDs und
2. ein Dienstverzeichnis, mit der Abbildung von Diensten zu Agenten.

3.1.1 Skalierbarkeit

Skalierbarkeit ist ein viel benutzter Begriff in der Informatik [Hil90]. Verteilte Systeme sollen skalieren, also erweiterbar sein, ohne dass es zu Einschränkungen kommt. Der Begriff wird oft als Marketingmerkmal missbraucht und hat dann wenig Aussagekraft. Oft meint man damit, dass es keinen Flaschenhals, z. B. keine zentrale Komponente, gibt, die von jeder verteilten Einheit verwendet wird und bei zu vielen Anfragen zusammenbricht. Man bezeichnet diese Punkte im Englischen auch als *bottleneck* oder *hotspot*.

Die Forderung nach Skalierbarkeit ist ohne die Angabe des zu verändernden Parameters wenig aussagekräftig. Skalierbarkeit kann sich auf die Anzahl von Netzwerkknoten, Prozessen, Benutzer oder andere Parameter beziehen. Auch Kombinationen von Parametern sind möglich und die Skalierbarkeit bezieht sich dann auf den Zuwachs in beiden Dimensionen. Schließlich muss man auch definieren, bei welchen Leistungswerten man ein System skalierend nennt. Sollen die Ausführungszeiten konstant bleiben, wenn neue Knoten hinzugefügt werden oder genügt es, wenn die Antwortzeiten linear und nicht exponentiell ansteigen?

Im Folgenden wird eine pragmatische Definition des Autors für den Begriff Skalierbarkeit verwendet:

> Ein Softwaresystem heißt skalierbar bezüglich eines Parameters X, wenn durch Hinzufügen von Komponenten vom Typ X die Ausführungszeit des Gesamtsystems nicht signifikant ansteigt.

Dabei ist eine lineare Erhöhung des kontrollierbaren Hardwareaufwandes gestattet. Beispielsweise ist die Verdopplung der CPU-Leistung bei Verdopplung der Komponenten gestattet. Normalerweise ist die unbeschränkte Skalierbarkeit bezüglich eines Parameters nicht zu erreichen. Man betrachtet im Allgemeinen daher nur praktisch relevante Fälle.

Beim Entwurf, der insbesondere dem Kriterium der Skalierbarkeit Rechnung trägt, existieren verschiedene Kenngrößen:

Netzwerkverbindung Die Art der Netzwerkverbindung ist ein zentrales Designkriterium. Wichtig sind dabei die Latenz, die Bandbreite und die Verfügbarkeit zu berücksichtigen. Eine durchgehend verfügbare Breitbandanbindung ermöglicht andere Strukturen als eine nur temporär verfügbare, schmalbandige Anbindung. (Vgl. Kapitel 5.4)

Anzahl der Agentenorte Die Kenntnis einer oberen Schranke der Anzahl an Agentenorten ermöglicht eine bessere Architektur des Verzeichnissystems.

Anzahl der Dienste Dies legt die benötigte Gesamtgröße des Dienstverzeichnisses fest.

Anzahl der Dienstwechsel Hieraus ergibt sich die benötigte Flexibilität des Dienstverzeichnisses. Je mehr Änderungen pro Zeiteinheit stattfinden, desto schwieriger ist es, ein verteiltes Verzeichnis konsistent zu halten. Da es durchaus viele Anbieter des gleichen Dienstes geben kann, ist es möglicherweise nicht vordringlich, dieses Verzeichnis immer exakt aktuell zu halten. Instanzen dieses Dienstes können trotzdem gefunden werden.

Anzahl der Agenten Eine große Anzahl von Agenten erfordert ein entsprechend umfangreiches Verzeichnis, an das potentiell viele Anfragen gestellt werden.

3.1 Verzeichnisse

Anzahl der Migrationen Die Lokalisierung eines Agenten ist für die Interagentenkommunikation sehr wichtig. Eine schnelle und konsistente Bearbeitung der Anfragen ist daher wichtig. Wie bei den Dienstwechseln ist auch hier die Konsistenzerhaltung schwierig.

Agenten nehmen ihre Umwelt wahr und reagieren darauf. Diese Umwelt ist v. a. durch das Vorhandensein, die Abwesenheit oder der Lokation von Diensten gekennzeichnet. Das Anbieten bzw. Abmelden von Diensten kann bei anderen Agenten bestimmte Aktionen auslösen. Verzeichnisse dienen in einem Mobilen-Agenten-System daher nicht nur zur Suche von Diensten und Agenten, sondern sind auch eine Möglichkeit zur Koordination von Agenten. (Vgl. Kapitel 3.2.4)

3.1.2 Konsistenz

Ein konsistentes Verzeichnis spiegelt den aktuellen Zustand der Agenten und Dienste wider. Die Konsistenzanforderungen an die Verzeichnisse laufen den Skalierbarkeitsbestrebungen zuwider, da jede Änderung des Systems sofort in den Verzeichnissen abgebildet sein müssten. Je größer ein verteiltes System wird, desto größer werden aber auch zwingend die Laufzeiten. Daher ist ein zeitnah konsistentes Verzeichnis zu beliebigen Zeitpunkten schwierig zu erreichen. In einem Mobile-Agenten-System gibt es notwendige und wünschenswerte Anforderungen an die Konsistenz von Verzeichnissen. Zu den notwendigen Bedingungen gehört, dass die ID eines Agenten systemweit eindeutig ist und ein Agent, falls er lokalisierbar ist, eindeutig lokalisierbar ist.

Falls sich der Agent gerade in der Migration befindet kann es sein, dass er kurzzeitig nicht lokalisierbar ist. Die ständige Lokalisierbarkeit ist wünschenswert, aber nicht notwendig. Dabei können kurze, undefinierte Zustände ignoriert werden.

Im Dienstverzeichnis sind schwächere Anforderungen an die Konsistenz hinreichend. Die dienstanbietenden Agenten ziehen ihre Angebote möglicherweise zurück oder migrieren an andere Agentenorte. Daher muss ein Agent, der einen Dienst in Anspruch nehmen möchte, darauf gefasst sein, dass dieser nach dem Auffinden im Verzeichnis nicht mehr verfügbar ist. Die Aktualität des Dienstverzeichnisses ist zwar wünschenswert, aber nicht notwendig. Die Performance leidet allerdings unter mangelnder Aktualität, da die Agenten unter Umständen mehrere Dienstanfragen stellen müssen, um einen tatsächlichen Anbieter zu finden. Noch teurer wird es, falls sie unnötigerweise migrieren und am Zielort den Dienst nicht vorfinden.

3.1.3 Architekturen für Verzeichnisse

Verzeichnisse könne auf verschiedene Arten implementiert werden. Es gibt zwei mögliche Arbeitsweisen für ein Verzeichnis:

Pull Im Pull-Verfahren fragen die Agenten das Verzeichnis an und erhalten eine Antwort. Falls sie auf eine Statusänderung warten, z. B. dass ein Dienst verfügbar wird, müssen sie selbstständig regelmäßig das Verzeichnis abfragen.

Pull-Push Im Pull-Push-Verfahren können die Agenten wie oben im Pull-Verfahren beschrieben vorgehen. Zusätzlich gibt es die Möglichkeit, die Benachrichtigung bei Statusänderungen zu abonnieren. Der Agent wird dann informiert, falls sich das Angebot eines bestimmten Dienstes ändert.

Im Folgenden werden einzelne Architekturen bezüglich beider Arbeitsweisen vorgestellt und diskutiert.

3.1.3.1 Zentrales Verzeichnis

Alle Agentenorte greifen über die Netzwerkverbindungen auf das zentrale Verzeichnis zu. Dies ist eine technisch einfache Lösung, um das Verzeichnis aktuell und konsistent zu halten. Alle Änderungen sind sofort für alle Teilnehmer verfügbar. Die Architektur skaliert für kleinere Systeme im Pull-Betrieb, wobei die Latenzzeit des Netzwerkes und des Verzeichnisses begrenzende Faktoren sind. Im Pull-Push-Betrieb multipliziert sich dieser Flaschenhals mit der Anzahl der Statusänderungen bzw. der Abonnements. (Vgl. Abbildung 3.1(a))

3.1.3.2 Dezentrales Verzeichnis

Bei diesem Ansatz ist an jedem Ort eine eigenständige Kopie des Verzeichnisses vorhanden. Dies erlaubt zum einen eine schnelle Abfrage und zum anderen können so im Pull-Push-Betrieb Änderungen im Dienstverzeichnis leicht an die Abonnenten weitergegeben werden. Die Kommunikation findet nur lokal, meistens sogar im gleichen Speicherbereich statt.

Falls sich der Status eines Dienstes ändert, muss allerdings jede Kopie an allen Orten nachgeführt werden. Bei häufigen Änderungen und einer großen Anzahl von Orten kann dies zu einem Flaschenhals werden. Bei geringer Anzahl von Änderungen können aber auch recht große Systeme unterstützt werden. Die Skalierbarkeit hängt darüber hinaus von dem verwendeten Kommunikationsprotokoll zwischen den verteilten Verzeichnissen ab. (Vgl. Abbildung 3.1(b))

3.1.3.3 Verteiltes Verzeichnis mit zentraler Datenbank

Eine Ausprägung der vorherigen Architektur ist die Verteilung des Verzeichnisses auf jeden Agentenort mit einer zentralen Datenbank, um die Kopien zu synchronisieren. Die Synchronisation der Kopien findet über die zentrale Instanz statt. Dieses Verfahren ist technisch einfach zu lösen. Falls wenige Statusänderungen auftreten, skaliert es auch recht gut. Ein neuer Agentenort kann leicht auf den aktuellen Stand gebracht werden, weil es ein einziges Referenzverzeichnis gibt. Die lokalen Kopien arbeiten als Caches, um Anfragen von Agenten schnell zu bedienen. (Vgl. Abbildung 3.1(c))

3.1 Verzeichnisse

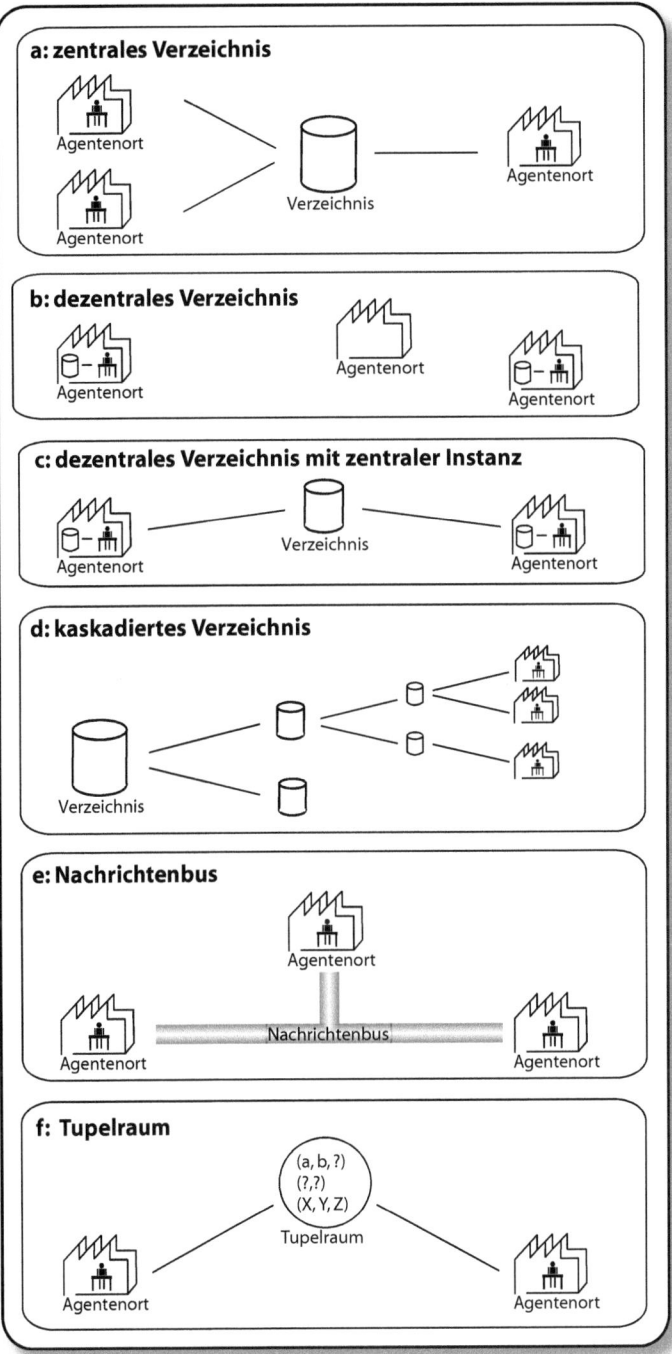

Abbildung 3.1: Übersicht der verschiedenen Verzeichnisarchitekturen

3.1.3.4 kaskadiertes Verzeichnis

Der Aufwand, die Verzeichnisse auf dem aktuellen Stand zu halten, steigt mit der Anzahl der Instanzen. Man kann daher mit einem kaskadierenden Ansatz die Skalierbarkeit erhöhen. Dabei wird ein Verzeichnis für eine Gruppe von Agentenorten eingerichtet (vgl. Abbildung 3.1(d)).
Man hat also ein Netz von Verzeichnissen, die jeweils mehrere Orte bedienen und untereinander mit einer Kommunikationsmiddleware verbunden sind. Diese Architektur kann nach Bedarf auch auf drei oder mehr Stufen (wie z. B. beim DNS-Dienst des Internets[LA96]) ausgeweitet werden. Je mehr Stufen und je höher die Änderungsrate, desto mehr leidet die Performance. Eine solche Architektur hat viele mögliche Ausprägungen, um der jeweiligen Situation angepasst zu sein. Die Architektur erlaubt es eine Lösung für einige konkrete Anwendungen zu finden.

3.1.3.5 Nachrichtenbus

Eine weitere Möglichkeit die Agentenorte mit einem Verzeichnis zu bedienen ist ein Nachrichtenbus (engl. *Messagebus*). Ein Nachrichtenbus besteht aus einer Infrastruktur, Sendern (engl. *Provider*) und Empfängern (engl. *Subscriber*). Die Nachrichten sind gekennzeichnet, so dass ein Empfänger sich für bestimmte Nachrichtenarten registrieren kann (vgl. das Observerpattern in [GHJV95]). Jede Nachricht wird an alle sich dafür registrierten Empfänger sofort ausgeliefert. Ein Nachrichtenbus sieht keine Persistenz der Nachrichten vor. Daher ist es sinnvoll, lokale Caches zu installieren. Mit diesen Zwischenspeichern ergibt sich die Architektur eines dezentralen Verzeichnisses (vgl. Abbildung 3.1(e)). Dieses System kann sehr gut skalieren, wenn man das sog. *content based routing* [CRW04] verwendet, bei dem nur Nachrichten innerhalb der Netzwerktopologie weitergeleitet werden, für die auch Abonnenten existieren (vgl. Kap. 6.2.5).

3.1.3.6 Tupelraum

Andere Ansätze versuchen ein möglichst flexibles Verzeichnis mit Hilfe von Tupelräumen (engl. *Tuple Spaces*) aufzubauen. Dabei werden n-Tupel in einem persistenten assoziativen Speicher abgelegt und über Muster (engl. *pattern matching*) wieder ausgelesen. Auch eine Registrierung für bestimmte Tupelmuster ist möglich. Damit stellt ein Tupelraum bereits die notwendigen Funktionen für ein Dienstverzeichnis sowohl im Pull als auch im Pull-Push-Betrieb zur Verfügung. Eine bekannte Implementierung ist der LINDA Tupelraum [GCCC85].
Bei der räumlichen Verteilung eines Tupelraumes stößt man wieder auf die in den vorherigen Abschnitten beschriebene Problematik. Entweder müssen die Such- und Änderungsoperationen verteilt werden oder die Daten werden zentral gehalten. Arbeiten zu verteilten Tupelräumen findet man bei Picco et al. [PMR99]. Diese Tupelräume sind zwar verteilt, aber die

Autoren verzichten auf Aussagen über die Skalierbarkeit des Systems. Es ist davon auszugehen, dass verteilte Tupelräume nur mit sehr kleinem Verteilungsgrad praxisgerecht funktionieren. (Vgl. Abbildung 3.1(f))

3.1.3.7 Fazit

Die Architektur der benötigten Verzeichnisse entscheidet über die Skalierbarkeit eines Agentensystems. Dabei kann diese nicht ohne Kenntnis der Applikation und Implementierung betrachtet werden, da die Anzahl der Eintragsänderungen, die Anzahl der Einträge und die Anfrageszenarien berücksichtigt werden müssen.

Bei größerem Verteilungsgrad ist es sinnvoll, die Verzeichnisse aufzuteilen und nur im Gesamtsystem notwendige Informationen nach außen zu publizieren, während lokale Informationen innerhalb des Agentenortes behandelt werden.

3.2 Sprachen zur Agentenkommunikation

Ein weiteres zentrales Unterscheidungsmerkmal ist die Sprache mit der sich Agenten untereinander austauschen. In der Forschung zu Mobilen Agenten haben sich die Standards *Knowledge Query and Manipulation Language (KQML)* [FFMM94][FWW+93] und die *Agent Communication Language* (ACL) [Fou97][BLS+99] hervorgetan. Ziel beider Standards ist es, die Kommunikation zwischen heterogenen Agenten zu ermöglichen. Trotzdem sind sie in der Praxis nicht weit verbreitet, da Implementierungen von Agentensystemen zumeist eigene Formate verwenden.

Es gibt aber auch andere Ansätze aus der regelbasierten Programmierung. Im Folgenden werden diese beiden Standards und anschließend ein regelbasierter Ansatz näher betrachtet.

Es gibt einige Grundanforderungen an Agentensprachen:

Alphabet Das Alphabet einer Nachricht sollte möglichst einfach gehalten sein, z. B. ASCII. Dies erlaubt eine einfache Übertragung auf möglichst vielen Protokollen (z. B. auch per Email). Außerdem ermöglicht es die Lesbarkeit für den Menschen.

Grammatik Die Struktur der Sprache sollte das Parsen leicht möglich machen. Zusätzlich sind vom Menschen lesbare Schlüsselwörter von Vorteil. Eine einfache Grammatik erleichtert auch die Übertragung der Nachricht in heterogenen Umgebungen.

Inhalt Der Inhalt einer Nachricht muss von dessen Metainformationen getrennt sein. Zu den Metainformationen gehört der Absender und der Empfänger, aber auch Angaben zur Sprache und Codierung des Inhalts.

Sprechakt Die Kommunikation zwischen Agenten ist ein Sprechakt. Die Kommunikation wird also auch im Hinblick darauf bewertet, ob sie erfolgreich war oder nicht. Außerdem können Agenten nicht nur Informationen mitteilen (Assertiva), sondern auch Angebote machen (Kommisiva) und Befehle erteilen (Direktiva). Dadurch wird Agentenkommunikation zum Koordinationsmittel für das Agentensystem (vgl. Kapitel 3.2.4).

Um Agenten die Einordnung des Nachrichteninhaltes zu ermöglichen, wird er oft zusätzlich mit der dazugehörigen Ontologie [NFF+91] ausgezeichnet. Eine Ontologie bezeichnet in diesem Zusammenhang eine Kategorie auf die sich der Inhalt bezieht. Dies ist notwendig, um mehrdeutige Begriffe wie z. B. *Stift* (Schreibgerät, Lehrling, Gebäude) klar bestimmen zu können.

3.2.1 KQML

Die *Knowledge Query and Manipulation Language (KQML)* ist aus dem *Knowledge Sharing Effort (KSE)* der $ARPA^1$ [PFPS+92] entstanden. Dabei handelt es sich um ein Nachrichtenprotokoll zum Austausch von Wissen bzw. zur Manipulation von Wissensbasen (engl. *Knowledge Bases*). Die Nachrichten heißen bei KQML *performative* und stellen Anfragen an eine andere Wissensbasis dar. Dabei kann der Inhalt abgefragt werden, aber auch explizit ein Fakt in eine andere Wissensbasis eingefügt werden. Das folgende Beispiel soll das näher erläutern und implizit die Grammatik darstellen:

```
(ask-one :sender AgentA
         :receiver AgentB
         :reply-with price.234
         :ontology books
         :language SQL
         :content "select price from books
                   where ISBN=0130888931")

(tell    :sender AgentB
         :receiver AgentA
         :in-reply-to price.234
         :ontology books
         :language currency
         :content "39.95")
```

AgentA fragt nach dem Preis eines speziellen Buches und *AgentB* teilt ihm den Preis mit. Dabei ist wichtig, dass beide Agenten dieselbe Ontologie verwenden und auch die jeweilige Sprache interpretieren können. Sollte es bei der Kommunikation dazu kommen, dass eines von beiden unbekannt ist oder auch der Inhalt der Nachricht nicht korrekt ausgewertet werden kann, so schickt der Empfänger als Antwort eine *sorry*-Performative zurück.

---

[1] Die *A*dvanced *R*esearch *P*rojects *A*gency (heutiger Name DARPA) fördert wissenschaftliche Forschung, u. a. den KSE. Siehe hierzu auch: http://www.ksl.stanford.edu/knowledge-sharing/

KQML ist ein flexibles Nachrichtenformat zur Kommunikation zwischen Agenten und erlaubt auch die explizite Manipulation des Wissensbestandes des Kommunikationspartners.

3.2.2 ACL

Die *Agent Communication Language (ACL)* wurde von der Foundation for Intelligent Physical Agents (FIPA) vorgestellt. Der Standard wurde im Jahre 2002 veröffentlicht. Die Syntax ähnelt stark derjenigen von KQML. Allerdings sind die einzelnen Performatives stärker theoretisch fundiert als bei KQML. Letzteres ist eher pragmatisch gestaltet. Insgesamt sind die Unterschiede jedoch gering und werden an dieser Stelle nicht näher beschrieben.

3.2.3 Regelbasierte Kommunikation

In Kapitel 3.4.3.3 wird die Programmierung eines Agenten mittels eines Expertensystems beschrieben. Die Kommunikation zwischen Agenten kann mit unterschiedlichen Sprachen wie KQML oder FIPA-ACL stattfinden. Bei der Verwendung des Expertensystems JESS hat man noch eine weitere Möglichkeit. Agenten können die Wissensbasis ihres Kommunikationspartners direkt beeinflussen, indem sie Fakten dem Expertensystem des Partners hinzufügen oder entfernen. Dadurch können beim Empfänger implizit Aktionen hervorgerufen werden, indem bei ihm die entsprechende passende Regel ausgelöst wird.

Man kann noch einen Schritt weiter gehen und den Agenten ermöglichen, Regeln auszutauschen. Dadurch können Agenten ihre Fähigkeiten weiter geben. Der andere Agent erhält neue Reaktionsmöglichkeiten auf Umwelteinflüsse. D. h., er lernt nicht nur Fakten, sondern auch Fähigkeiten. Dadurch sind die Agenten ultimativ erweiterbar. Der Aufbau von Regeln und Fakten wird in Kapitel 3.4.3.3 näher erläutert.

3.2.4 Koordination

Mobile Agenten sind referentiell lose gekoppelte Komponenten. D. h., Agenten interagieren nicht mit bestimmten eindeutigen Agenten, sondern sind an bestimmten Informationen bzw. Funktionen interessiert. Sie suchen sich Kooperationspartner über das Dienstangebot. Nach Cabri et al. [CLZ00] bezeichnet man ein solches System *meeting-orientiert*. Je nach Ausprägung des Agentensystems kann die Kommunikation auch zeitlich entkoppelt sein. In diesem Fall bezeichnen die Autoren das als *Linda-ähnliches* System. (Vgl. Kap. 6.6.5)

3.3 Netzwerktopologie

Bei der Vernetzung von Agentenorten geht man im Allgemeinen von vollständig verknüpften Netzwerken aus, d. h., die Migration findet direkt vom Ausgangsort zum Zielort statt. Da die

Migration zumeist von einem Protokoll auf der ISO/OSI-Schicht 5 durchgeführt wird, ist eine direkte TCP/IP-Verbindung notwendig. Ein Agentensystem wird durch diese Vorgabe stark vereinfacht, aber auch in seiner Anwendbarkeit beschränkt. Im heutigen Internet gibt es viele Nahtstellen, an denen keine direkte TCP/IP-Verbindung möglich ist, da Teile des Netzwerkes aus Sicherheitsgründen durch Firewalls abgetrennt sind. Aber auch temporäre Internetverbindungen sind im privaten Bereich und vor allem im Bereich der Mobilen Endgeräte häufig anzutreffen. (Vgl. Abbildung 3.2)

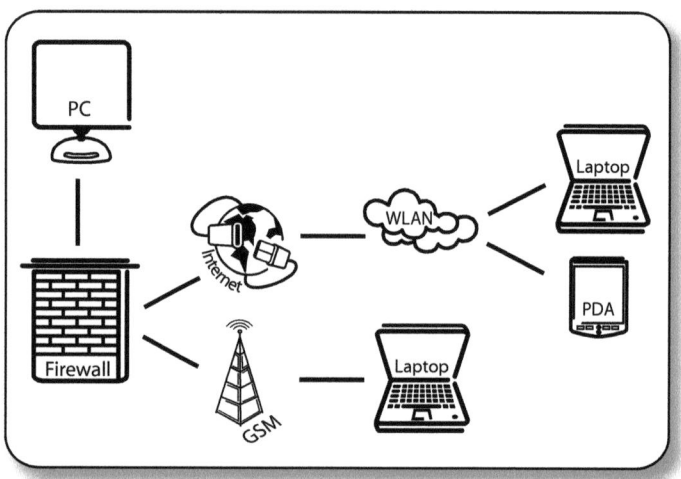

Abbildung 3.2: In der Realität kann nicht von einer vollständigen Verknüpfung der Netzwerkknoten ausgegangen werden. Netzwerkknoten sind oft nicht direkt, sondern nur über mehrere Sprünge zu erreichen.

Neben den Verbindungsproblemen gibt es weitere Gründe auf eine voll vernetzte Topologie zu verzichten. Man führt explizite Trennungen in die Netzwerktopologie der Agentenorte ein, um bestimmte Ziele zu erreichen. Ein Ziel ist die Erhöhung der Sicherheit in den abgetrennten Subnetzen. Da Agenten nur über einen bestimmten Agentenort dieses Subnetz erreichen können, ist es möglich, beim Eintritt eine zentrale Sicherheitskontrolle durchzuführen. Ein anderer Grund liegt in der Performance. Wenn zu große Freiheit von Agenten und Informationen die Leistung beeinträchtigt, kann eine künstliche Barriere Vorteile bringen. (Vgl. Abbildung 3.3)

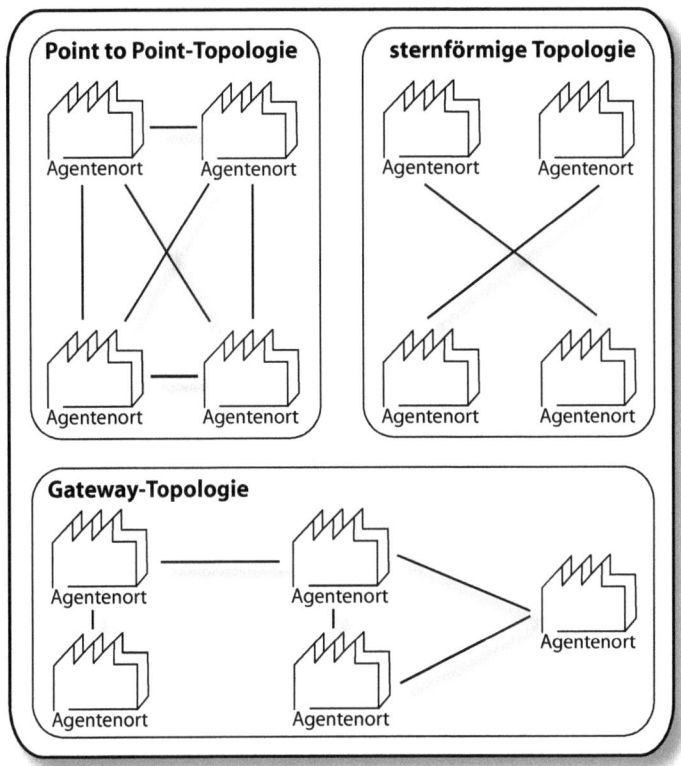

Abbildung 3.3: Unterschiedliche, an die Applikation angepasste, Topologien

3.4 Agentenprogrammierung

Der Einsatz von Mobilen Agenten hat zweierlei Gründe. Zum einen benötigt man die Vorteile, die sich durch den mobilen Code in Zusammenhang mit den verteilten Informationen ergeben. Zum anderen ist die Verwendung von Mobilen Agenten und allgemein Softwareagenten eine Architekturvariante, die gezielt ausgewählt wird. Die Frage der Zugehörigkeit von Funktionen zu Komponenten und die Art der Verteilung werden dabei explizit adressiert. Man spricht dabei auch von der Verteilung als *first class citizen*[Bur00].

Agenten sind streng gekapselte Komponenten, die nur über ihre Kommunikationsschnittstelle interagieren. Üblicherweise gibt es keine direkten Funktionsaufrufe in den Agenten hinein. Daher ergeben sich viele Möglichkeiten einen Agenten zu implementieren. Im Folgenden werden unterschiedliche Paradigmen und Programmiersprachen erörtert.

3.4.1 Imperative Programmierung

Die imperative Programmierung [MA01] ist stark an der Ausführung durch Von-Neumann-Architekturen [PH98] geprägt. Einzelne Befehle werden sequentiell abgearbeitet und bedingte Sprüngen steuern den Programmablauf. Mit der strukturierten und der objektorientierten (OO) Programmierung [Mey97] ist dies grundsätzlich beibehalten worden. Allerdings wurde damit die Wartbarkeit deutlich verbessert.

Agenten, die auf diese Weise programmiert sind, enthalten in der Kommunikationsbehandlung eine Auswahlstufe, die die empfangenen Nachrichten den entsprechenden Funktionen zuordnet. Für einfache Agenten ist das ein einfacher und praktikabler Weg.

Für Agenten, die längere Kommunikationssitzungen haben, wird es für den Programmierer schwierig, alle Zwischenschritte und -zustände zu koordinieren. Jede zusätzliche Nachricht erhöht die Komplexität deutlich. Meistens werden dann explizit Zustände deklariert, um den Ablauf im Griff zu behalten. Man kann dies in Anlehnung an OO-Methoden auch als Hinweis betrachten, dass der Agent bereits zu komplex geworden ist und in mehrere einfachere aufgeteilt werden sollte.

3.4.2 Deklarative Programmierung

Zur deklarativen Programmierung gehört die logische und die funktionale Programmierung. Letztere soll hier nicht näher betrachtet werden, weil sie an der praktischen Softwareentwicklung nur geringen Anteil hat. Bei der logischen Programmierung wird die Aufgabenstellung als logische Aussagen formuliert [Llo87].

Im Speziellen wird in der vorliegenden Arbeit die Verwendung eines regelbasierten Expertensystems betrachtet. Ein solches System besteht aus Regeln und Fakten.

Der Ablauf des Agenten wird mittels Regeln definiert. Eintreffende Nachrichten werden in Fakten verpackt und der Wissensbasis hinzugefügt. Dadurch ist es leicht möglich, auf das Eintreffen mehrerer Ereignisse zu warten. Es ist dabei unerheblich, in welcher Reihenfolge die Ereignisse auftreten, da die Regel erst bei Verfügbarkeit aller notwendigen Fakten ausgeführt wird.

Der Agent wird also mit Regeln programmiert, die auf einen bestimmten Zustand reagieren. Der Zustand des Agenten und gleichzeitig seine Sicht der Umweltfaktoren wird in der Faktenbasis gespeichert. Die Regeln beschreiben die Art, wie sich ein Agent bezüglich bestimmter Umwelteinflüsse in festgelegten Zuständen verhält. Mittels Regeln werden also die Zustandsübergänge des Agenten definiert.

3.4.3 Agentenprogrammiersprache

Prinzipiell können Mobile Agenten mit jeder Turing-vollständigen Sprache programmiert werden. Es gibt aber einige, die die Implementierung von Agenten besonders unterstützen. Im Folgenden werden einige davon näher betrachtet.

3.4.3.1 Telescript

Die Programmiersprache *Telescript* [Döm96] ist eine Programmiersprache für verteilte Systeme und Mobile Agenten. Die dazugehörige Laufzeitumgebung heißt *Magic Cap* [Boo95] und wurde 1995 von der heute nicht mehr existierenden Firma *General Magic* vorgestellt.
Telescript ist eine objektorientierte Sprache und unterstützt einfache Datentypen, Vererbung und Exceptions. Außerdem enthält die Sprache Konstrukte zur Codeautorisierung, um Sicherheitskonzepte umsetzen zu können. Zur Unterstützung von Mobilem Code verfügt die Programmiersprache über eine virtuelle Maschine (engl. *Java Virtual Machine (JVM)*), damit die Software auch auf heterogenen Zielplattformen lauffähig ist. Wie später bei Java wird auch bei Telescript der Quellcode in Bytecode übersetzt. Die Sprache ist nicht mehr aktuell und wurde durch die Programmiersprache Java abgelöst.

3.4.3.2 Java

Java [GJSB00] ist eine objektorientierte Programmiersprache, die von Sun Microsystems entworfen wurde. Sie ähnelt syntaktisch stark der Sprache C++ [Str86]. Zusätzlich zu deren Merkmalen besitzt Java einige Eigenschaften, die der Programmierung von Mobilen Agenten sehr entgegenkommt:

Parallelität Die Sprache hat mit der Klasse `java.lang.Thread` integrierte Unterstützung für Nebenläufigkeit.

Dynamisches Binden Zur Laufzeit ladbare Klassen und Bibliotheken werden unterstützt. Diese können aus dem Dateisystem oder über Netzwerkverbindungen geladen werden.

Reflection Die Sprache unterstützt die Introspektion von Objekten und Klassen zur Laufzeit. Damit wird die generische Objektserialisierung und damit die zustandsbehaftete Codemigration möglich.

Objektserialisierung Es gibt eigene IO-Klassen zur Serialisierung von Objekten. Außerdem kann die Herkunft der Objektklasse an das serialisierten Objekt angefügt und so das automatische Klassenladen unterstützt werden.

Garbage Collection Der Speicher wird durch einen Garbage Collector aufgeräumt. Bei der Ausführung dynamisch geladenen Codes erhöht diese Speicherbereinigung die Stabilität des Gesamtsystems, da das Risiko von Speicherlöchern verringert wird.

Portabilität Javacode wird mit dem Compiler zu systemunabhängigen Bytecode kompiliert, der anschließend in plattformspezifischen virtuellen Maschinen ausgeführt wird. Dadurch ist das übersetzte Programm selbst plattformunabhängig.

Sicherheit Da die Sprache für die Entwicklung Mobilen Codes angelegt ist, sieht sie vielfältige Mechanismen vor, Code zu signieren bzw. in der Ausführung zu beschränken. Das erleichtert die Akzeptanz fremden Code auszuführen.

Die Programmiersprache Java ist die in strategischen Geschäftsanwendungen am meisten verwendete Sprache[2]. Es gibt vielfältige Werkzeuge und zusätzliche Bibliotheken. Java ist als Programmiersprache für das Internet angetreten und ist inzwischen von der Applet-Programmiersprache zu einer Hauptsprache für verteilte Anwendungen und Webanwendungen geworden. Die Kritik an der nur halbherzigen Umsetzung der reinen objektorientierten Prinzipien von Java schmälern weder deren praktischen Einsatz als allgemeine Programmiersprache, noch deren Einsatzmöglichkeit für Mobile Agenten. Da es keinen Zugriff auf die Verwaltungsstrukturen eines Threads gibt, wird allerdings nur die weiche Migration (vgl. Kapitel 2.2.2.1) unterstützt. Es gibt einige Arbeiten zur Erweiterung der JVM hinsichtlich der harten Migration (vgl. z. B. [SMY99] order [Fün99]). Die Ausführbarkeit von Java Bytecode auf heterogenen Systemen wird dadurch allerdings stark eingeschränkt, da eine an das jeweilige System angepasste Variante der JVM dort verfügbar sein muss.

3.4.3.3 JESS

Jess ist eine von Ernest Friedmann-Hill entwickelte Inferenzmaschine [FH02]. Dabei wurde großer Wert auf die Interaktion zwischen normalen Java-Programmen und dem Regelsystem gelegt. Inzwischen gibt es auch den Java Community Process JSR-94, der die *Java Rule Engine API* beschreibt. Allerdings bezieht sich diese Spezifikation nur auf die Schnittstelle der Regelmaschine selbst und nicht auf die Sprache in der die Regeln geschrieben werden. Neben JESS ist auch noch das Regelsystem Drools von JBoss [PNM+08] verbreitet.

Jess verwendet *forward-chaining*, um aus den Regeln und Fakten Schlussfolgerungen zu ziehen. Eine Regel besteht aus einer oder mehreren Bedingungen und Aktionen. Wenn die Bedingungen erfüllt sind, werden die Aktionen ausgeführt oder man sagt auch die Regel *feuert*. Soweit ist eine Regel nichts anderes als ein *If/Then*-Ausdruck. Mittels *pattern-matching* werden die Fakten den Regeln zugewiesen. Dabei können auch Platzhalter verwendet werden, um nur nach Teilen eines Tupels zu suchen. Wenn ein neuer Fakt zu der Wissensbasis kommt, kann es auch sein, dass mehrere Regeln feuern. Außerdem können durch die Aktionen einer Regel weitere Regeln aktiviert werden, so dass sich eine ganze Aktivierungskette bildet.

---

[2] http://www.forrester.com/Research/Document/Excerpt/0,7211,37356,00.html
(12. Juli 2005; abgerufen am 19.4.2008)

3.4 Agentenprogrammierung

Ein Beispiel aus der Jess Dokumentation[3] einer Regel:

```
(defrule example
  (grocery-list $?list)
  =>
  (printout t "I need to buy " ?list crlf))
```

Falls ein Fakt als n-Tupel (`grocery-list Item1 Item2 ... Item`n) mit $n \geq 1$ der Wissensbasis zugefügt wird, feuert die Regel *example* und die Liste wird ausgegeben.

Die Wartbarkeit der Agentensteuerung kann durch ein solches Regelwerk deutlich erleichtert werden. Außerdem wird die Kommunikation zwischen den Agenten um die Möglichkeit des Steuerungsaustausches erweitert (vgl. Kapitel 3.2.3).

3.4.3.4 XML

Die *eXtensible Markup Language (XML)* [BPSM+06] ist eine vereinfachte Teilmenge von *SGML* [Gol90]. Sie ist eine Auszeichnungssprache zur Erstellung von maschinen- und menschenlesbaren Dokumenten, sowie eine Metasprache zur Definition von anwendungsspezifischen Sprachen. Durch die Festlegung der XML-Syntax lassen sich alle davon abgeleiteten Sprachen durch die gleichen Werkzeugen wie z. B. Parser und Suchfunktionen bearbeiten.

Die Namen der XML-Elemente sind frei wählbar und werden oft in menschlich lesbarer Form benannt. Das führt manchmal zur Annahme, dass in einem XML-Dokument auch dessen Bedeutung, also die Semantik, abgelegt sei. Das ist allerdings nicht der Fall. Des Weiteren sind die XML-Elemente hierarchisch aufgebaut, so dass ein XML-Dokument eine Baumstruktur darstellt. Objektorientierte Datenstrukturen sind jedoch flexibler, so dass nicht jede Datenstruktur trivial in eine XML-Darstellung übersetzt werden kann.

Durch die weitgehende Werkzeugunterstützung für XML und die textuelle Darstellung bietet sich eine Sprache zur Definition von Mobilen Agenten mittels XML an. Der Einsatz von XML setzt wie bei den anderen Lösungen eine Ausführungsumgebung voraus. Ein XML-Agent besteht weiterhin aus einem Programm und den zugehörigen Daten, also dem Agentenstatus. Die Daten in XML zu codieren ist unproblematisch. Das Agentenprogramm wird auch in XML geschrieben.

Man benötigt daher einerseits eine konkrete auf XML basierende Agentensprache und eine Ausführungsumgebung mit Interpreter für das Agentenprogramm. Die XML-Sprache muss auch eine Programmiersprache sein.

Der Unterschied zur Programmierung von Mobilen Agenten mit einer klassischen Programmiersprache wie Java besteht in der Lesbarkeit des Agenten. Außerdem können Agenten leicht über entsprechende XML-Werkzeuge in Datenbanken abgelegt werden und über ihre Struktur

---
[3] http://herzberg.ca.sandia.gov/jess/docs/70/rules.html (abgerufen am 25.6.2008)

recherchiert werden. Man spart sich also nicht den Interpreter, aber man erhält Werkzeugunterstützung zur Analyse und Speicherung von Agenten.

3.5 Monitoring

Ein Problem verteilter Systeme ist die Aufnahme eines Gesamtzustandes ohne die laufende parallele Verarbeitung zu unterbrechen. Die Frage, was wann und wo abläuft verschärft sich durch die Codemobilität und Autonomie der Agenten. Dies führt bei den Nutzern zur Verunsicherung. Die Ansätze für klassische verteilte Applikationen, um den Zustand zu erfassen, lassen sich auch auf Mobile-Agenten-Systeme anwenden:

Nachrichtenbasierter Ansatz Diese Methode transportiert die einzelnen Zustandsänderungen über einen Nachrichtenbus innerhalb des verteilten Systems. Das Problem dabei sind die unterschiedlichen Laufzeiten der Nachrichten. Dadurch kann die chronologische Abfolge beim Empfänger nicht garantiert werden.

Agentenbasierter Ansatz Ein Agent wird zur Überwachung des Gesamtsystems abgestellt. Dadurch existiert wieder eine zentrale Kontrollinstanz, die nicht gut skaliert. Falls die Agenten nur lokal überwachen, fehlt die Zusammenführung und zentrale Kontrolle.

Filesystembasierter Ansatz Ein verteiltes Dateisystem kann zur Aufnahme der Zustandsänderungen dienen. Problematisch ist dabei der simultane Zugriff von mehreren Prozessen auf eine Datei. Obwohl dazu inzwischen auch Lösungen auf Dateisystemebene wie z. B. das *concurrent I/O (CIO)* von IBM existieren, ist das gleichzeitige Anfügen an das Ende einer Datei trotzdem schwierig. Außerdem ergibt sich daraus eine implizite Synchronisation des Gesamtsystems, falls die Lognachrichten transaktionssicher abgelegt werden sollen.

In [SFK01a] beschreiben Schimkat et al., dass ein globaler Systemzustand zur Entscheidungsfindung nicht notwendig ist. Die technische Umsetzung ist komplex, geht zu Lasten der Leistungsfähigkeit und steht meistens nicht in einem ökonomischen Verhältnis zum Nutzen. Im Kapitel 6.2.6 wird auf diese Arbeit näher eingegangen.

3.6 Mobilität

3.6.1 Physikalische vs. logische Mobilität

Bei Mobilen Agenten muss zwischen der physikalischen und der logischen Mobilität unterschieden werden [MPR01]. Objekte sind physikalisch mobil, wenn ihr Wirtsystem (engl. *Host*) sich im realen Raum fortbewegt. Offensichtliche Beispiele hierfür sind PDAs (engl. *Personal Digital Assistants*) bzw. das gesamte Feld des *Nomadic Computing* [Kle95].

Agenten sind logisch mobil, wenn sie sich über die Grenzen ihres Agentenortes hinaus bewegen. Sie sind auf diese Art mobil, sogar wenn der andere Agentenort sich physikalisch auf derselben Hardware befindet. Die logische Mobilität ist üblicherweise eine Obermenge der physikalischen Mobilität, da Teile eines Agentensystems oft aus physikalisch mobilen Hosts besteht. Die Eigenschaft der Mobilität bei Mobilen Agenten bezieht sich explizit auf die logische Ausprägung.

3.6.2 Migration von ausführbarem Code

Die Migration von Agenten zwischen Agentenorten bedeutet zunächst, dass der Zustand übertragen werden muss. Falls die Ausprägung des Agenten am Zielort noch nicht bekannt ist, müssen auch dessen Funktionen übertragen werden. Der Transport von ausführbarem Code zu anderen Agentenorten ist daher fundamentaler Bestandteil von Agentensystemen. In der objektorientierten Sicht bedeutet Codemigration den Versand von Klasseninformation zum Zielsystem, da die Instanz eines Softwareobjektes durch seine Klassenbeschreibung und die Belegung der Felder definiert ist.

Um einen Agenten zu übertragen müssen folglich alle Klassen und Superklassen von ihm selbst und aller seiner Felder bekannt sein. Falls die Felder selbst Objekte anderer Klassen enthalten, muss dieser Vorgang rekursiv wiederholt werden, bis schließlich alle notwendigen Klassen übertragen sind. Diese transitive Hülle der Klassenbeschreibung eines Objektes ist üblicherweise groß. Um den Aufwand der Migration zu begrenzen, verständigt sich ein Agentensystem üblicherweise über grundlegende, gemeinsame Klassen, die überall vorausgesetzt werden können.

Bei der Verwendung von Java als Agentenprogrammiersprache kann man zum Beispiel auf die Übertragung der grundlegenden Klassen wie `java.lang.String` verzichten, da sie überall vorausgesetzt werden können. Das gleiche gilt für Klassen und Schnittstellen des Agentensystems, die an jedem Agentenort vorliegen.

Durch diese Vereinfachung reduziert sich die Menge der zu übertragenden Klassenbeschreibungen deutlich. Durch Caching kann der Aufwand weiter reduziert werden, so dass vor allem Agentenzustände und weniger Agentenklassenbeschreibungen übertragen werden müssen.

3.6.3 Transfer von Agentenbeschreibungen

Der Transfer von Agentenbeschreibungen (engl. *Classloading*) ist sehr von der verwendeten Agentenprogrammiersprache abhängig.

3.6.3.1 C / C++

C++ ist eine weit verbreitete Programmiersprache, da sie objektorientiert ist und die verfügbaren Compiler performant ausführbare Programme (engl. *executables*) erzeugen. Die Ausgabe ist hardware- und betriebssystemspezifisch. Bibliotheken werden entweder statisch gelinkt oder zur Laufzeit dynamisch eingebunden. Letzteres erfordert die Unterstützung des Betriebssystems.

Bezogen auf eine Agentenprogrammiersprache bedeutet das entweder die Übertragung des Quelltextes und die automatische Compilierung auf dem Zielsystem mit anschließendem dynamischen Binden oder das Bereithalten verschiedener vorkompilierter Bibliotheken. Beide Verfahren sind aus Wartungssicht unbefriedigend. Außerdem muss das dynamische Linken weitestgehend selbst umgesetzt werden.

Obwohl es vereinzelt Agentensysteme in C++ gab, hat sich diese Sprache im Agentenbereich nicht durchgesetzt. Die Aussagen gelten sinngemäß auch für die Programmiersprache *C*.

3.6.3.2 Scriptsprachen

Die Probleme der Hardware- und Betriebssystemabhängigkeit sind in interpretierten Sprachen nicht vorhanden. Die Programme werden von einem Interpreter (eine sog. *virtual machine*) ausgeführt. Dadurch muss nur der Interpreter an das Zielsystem angepasst werden und nicht das ausführbare Programm.

Ein Vertreter dieser Sprachen ist *Telescript* der einstigen Firma *General Magic* (vgl. Kap. 3.4.3.1). Programme werden bei Telescript in interpretierbaren Bytecode vorkompiliert. Telescript war bereits explizit als Programmiersprache für verteilte Anwendungen entwickelt worden.

Auch Tcl [Ous94], Perl [WS91], Python [Con95], etc. werden für die Agentenprogrammierung verwendet. Aufgrund ihres Reifegrades, der Verbreitung und Eignung für verteilte Anwendungen hat sich aber Java eindeutig als Agentenprogrammiersprache durchgesetzt.

3.6.3.3 Java

Java bietet einige Konzepte, die sie zur Verwendung als Agentenprogrammiersprache auszeichnen (vgl. Kap. 3.4.3.2). Es handelt sich dabei um eine interpretierte Sprache, deren kompilierter Bytecode in einer JVM ausgeführt wird.

Die Fähigkeit zum dynamischen Binden von Klasseninformationen, auch von entfernten Systemen aus, erleichtert die Programmierung der Migration erheblich. Bei der Übertragung von Objekten mittels *Remote Method Invocation* kann der Ort der zugehörigen Klasseninformation sogar automatisch zugefügt werden. Das RMI-System sorgt dann dafür, dass die Klasseninformation, falls nötig, transparent zu dem serialisierten Objekt geladen wird. Java unterstützt nur die weiche Migration, da es unmöglich ist, aus einem Java Programm heraus an Verwaltungsinformationen eines *Threads* zu gelangen.

Die bereitgestellte Infrastruktur führt dazu, dass Mobile Agenten fast ausschließlich mittels Java implementiert werden.

3.6.4 Designparadigmen für verteilte Systeme

Fugetta et al. [FPV98] unterscheiden vier mögliche Designparadigmen für verteilte Systeme. Diese Unterscheidung ist hilfreich, um Mobile Agenten von anderen Paradigmen abzugrenzen. Im Folgenden werden die Begriffe *Client* als initiierender Teil, *Server* als unterstützender Teil und *Ressource* als abstrakte, zur Lösung der Aufgabe notwendige Eigenschaft, verwendet. Ressourcen können z. B. Daten, Rechenzeit oder Speicher sein:

Client Server (C/S) *Client Server* ist ein sehr weit verbreitetes Designparadigma für verteilte Systeme. Ein Client übergibt Daten an einen Server, der diese verarbeitet und ein Ergebnis zurück liefert. Zur Bearbeitungszeit sind die Daten, Ressourcen und das Ausführungsprogramm im Server lokalisiert. Beispiele hierfür sind übliche multi-tier (Web-)Anwendungen.

Remote Evaluation (REV) In diesem Szenario besitzt der Client das Wissen um die Ausführung, hat aber nicht die notwendigen Ressourcen, die Aufgabe auszuführen. Daten und Code werden deshalb an den Server gesendet, um dort ausgeführt zu werden und das Ergebnis wird zurückgeliefert. Desktop GRIDs [KFC$^+$07] sind ein aktuelles Beispiel für diese Art der verteilten Systeme.

Code on Demand (COD) Hierbei sind beim Client die notwendigen Ressourcen und Daten vorhanden, aber das Ausführungsprogramm fehlt. Der Server sendet dem Client das notwendige Programm und der Client bearbeitet die Daten selbstständig. Ein Beispiel sind Java-Applets, die beim Client im Browser ablaufen und zusätzliche Java-Klassen bei Bedarf nachladen.

Mobile Agenten (MA) Der Client besitzt die notwendigen Daten und das Wissen zur Ausführung, aber es fehlen notwendige Ressourcen. Der Client, d. h. der initiierende Teil des Systems, migriert zum Server, um dort die benötigten Ressourcen zu verwenden.

Der Unterschied zwischen den Paradigmen REV und MA ist auf den ersten Blick gering, da beides Mal Code und Daten an den Server übertragen werden. Der wichtigste Unterschied ist, an welcher Stelle sich der initiierende, d. h. der den Kontrollfluss steuernde, Teil befindet. Bei Mobilen Agenten migriert auch die Steuerung des Prozesses.

3.7 Sicherheit

Das Thema Sicherheit ist ein zentraler Kritikpunkt an Mobile-Agenten-Systemen (vgl. [KT01] und [KXD00]). Vor allem die Mobilität schürt bei den Anwendern die Angst vor Kontrollverlust. Meistens sind diese Einwände diffus und halten einer kritischen Überprüfung nicht stand. Um diesen Bereich gründlicher zu Beleuchten, muss man sich über die einzelnen Sicherheitsaspekte im Klaren sein.

Meistens denkt man zuerst an das Problem der bösartigen Agenten (engl. *malicious agent*). Sie sind nichts anderes als Computerviren. Es müssen also Vorkehrungen getroffen werden, um das Ausführen von bösartigem Code zu verhindern. Andererseits muss auch dafür gesorgt werden, dass ein Agent unbeschadet überlebt. Er darf weder durch einen böswilligen Agentenort (engl. *malicious host*) noch sonst fahrlässig manipuliert oder beendet werden.

3.7.1 Persistenz

Zur Sicherheit eines Agenten gehört notwendigerweise, dass er sich darauf verlassen kann, sicher ausgeführt zu werden. Das bedeutet, dass auch im Fehlerfall versucht wird, den Agenten zu retten. Dieser Fall kann bedeuten, dass der Agentenort oder der Agent selbst einen Fehler verursacht hat. In beiden Fällen muss der Agent wieder in einen sicheren Zustand versetzt und über das Auftreten des Fehlers informiert werden. Um einen sicheren Einstiegspunkt zu besitzen, muss der Agent daher seine Aktionen aufzeichnen. Das kann entweder in einem sog. *Journal* passieren oder er sichert sich von Zeit zu Zeit selbst (engl. *Checkpointing*) [GR92]. Letztere Variante kann auf dieselbe Weise wie die weiche Migration, durch Serialisierung des Agenten in einen nichtflüchtigen Speicher, passieren.

3.7.2 Malicious Agent

Um viralen Aktivitäten von Agenten vorzubeugen, hat ein Agentenort verschiedene Möglichkeiten. Zum einen kann die Ausführung von unsigniertem Code, also von Agenten mit unsicherer Herkunft, unterdrückt werden. Zumindest Bereiche, die neue Ressourcen anfordern, können beschränkt werden. Außerdem wird der Ort Zugriffe auf I/O, Speicher und den Verbrauch von CPU-Zeit kontrollieren (engl. *accounting*).

Es kann einfacher sein, ein Vertrauensnetzwerk aufzubauen und nur Agenten zu akzeptieren, die von Orten kommen, denen man vertraut. Ein solches Netz beruht darauf, dass man den Leuten vertraut, denen die eigenen Vertrauten vertrauen. Dadurch ergibt sich eine Kette von Personen bzw. Systemen, denen man vertraut. Manche dieser Netzwerke gewichten die Vertrauensbeziehungen, so dass die Bewertung von mehrfach indirekt vertrauten Systemen geringer wird. Dadurch kann die Beschränkung der Ressourcen individuell angepasst werden, was eine Kombination aus Vertrauensnetzwerk und Ressourcenbeschränkung darstellt.

Des Weiteren kann ein Agentenort beim Empfang eines Agenten diesen auf potenziell gefährlichen Code durchsuchen. Dies geschieht in derselben Art und Weise wie Virenscanner vorgehen. Auch können, wie bei diesen bekannt, Heuristiken zur Erkennung von solchen Programmteilen eingesetzt werden.

3.7.3 Malicious Host

Das Malicious-Agent-Problem kann durch die oben angesprochenen Maßnahmen kontrolliert werden. Ein schwierigeres Problem stellt der Schutz der Agenten vor einem böswilligen Agentenort dar. Agenten tragen sensitive Daten bei sich. Das können zum Beispiel geheime Zahlungsdaten wie Kreditkarteninformationen oder PINs (*Persönliche Identifikations-Nummer*) sein, aber auch Algorithmen und Verfahren. Es ist dasselbe Problem, das bei Desktop-GRIDs auftritt, wenn kommerzielle Interessen hinter den Berechnungen stehen.

Es existieren verschiedene Ansätze dieses Problem anzugehen. Eine Möglichkeit ist es, die Daten zu verschlüsseln. Dabei ist zu beachten, dass der Code, um die Daten zu entschlüsseln, auch übertragen wird und eventuell zur Manipulation verwendet werden kann. Ansätze dieser Art gehen daher von zeitlichen Sicherheitsintervallen aus, in denen die Daten sicher sind. Nach Ablauf der Zeit werden die Daten ungültig und damit wertlos. Das Intervall ist so bemessen, dass nach aktuellem Stand der Technik in dieser Zeit der Code nicht geknackt werden kann. Diese Lösung ist nicht sonderlich praktikabel für langlaufende Agenten. Außerdem beruht die Sicherheit auf verschiedenen heuristischen Annahmen wie z. B. der Entschlüsselungszeit und der Laufzeit des Agenten, und kann daher nur schwer garantiert werden.

Eine andere Möglichkeit ist die Unterstützung von nicht manipulierbarer, vertrauenswürdiger Hardware. Eine Möglichkeit ist die Zertifizierung über den TCPA Standard (siehe auch [LTM+00]). Damit kann der Agent sicher sein, nur von zertifizierter Software manipuliert zu werden. Die Diskussion um solche Maßnahmen zeigt allerdings, dass man nicht von einer weiten Verbreitung ausgehen kann. Ebenso ist die Verteilung proprietärer Hardware als Agentenumgebung praktisch nicht realisierbar.

Die Möglichkeit eines Vertrauensnetzwerks wie in Kapitel 3.7.2 beschrieben ist auch hier mit denselben Problemen anwendbar. Malicious Hosts sind nach wie vor ein ungelöstes Problem, das dazu beiträgt, dass Agenten nur spärlich in der Praxis eingesetzt werden.

3.8 Zusammenfassung

Die Implementierungen von Systemen für Mobile Agenten unterscheiden sich in einigen grundlegenden Eigenschaften. Zu diesen Merkmalen gehört der Aufbau der Verzeichnisstruktur, um Dienste und Agenten lokalisieren zu können. In diesem Kapitel wurden die Eigenschaften der Skalierbarkeit und Konsistenz in Abhängigkeit von unterschiedlichen Architekturen erörtert. Koordination zwischen Agenten findet sowohl über das Verzeichnis als auch über die direkte Kommunikation der Agenten untereinander statt. Es wurden verschiedene Agentensprachen vorgestellt und deren Merkmale herausgearbeitet. In diesem Zusammenhang wurde auch die Topologie der Vernetzung von Orten beleuchtet und schließlich auf die unterschiedlichen Arten der Programmierparadigmen und -sprachen zur Steuerung von Agenten betrachtet.

Schließlich wurde auf die Themen der Migration unter Berücksichtigung der jeweiligen Programmiersprache eingegangen und die Möglichkeiten zur Überwachung von Agenten beschrieben. Die Sicherheitsaspekte wurden im Detail erläutert und diskutiert.

Kapitel 4

Das Agentensystem *Okeanos*

Das Agentensystem *Okeanos*[1] wurde vom Autor an der Universität Tübingen entwickelt. Es ist als Experimentalsystem entworfen und implementiert. Das Agentensystem ist in Java programmiert, was gleichzeitig auch die Agentenprogrammiersprache ist. Einige Dienste, die ein produktreifes Agentensystem benötigt, aber für ein Experimentalsystem überflüssig sind, wurden nicht implementiert. Dadurch ergibt sich eine übersichtliche Architektur anhand derer sich verschiedenste Konzepte untersuchen lassen. Im Folgenden werden die einzelnen Merkmale von *Okeanos* beschrieben.

4.1 Agentenort

Der Agentenort sichert wie bei allen anderen Mobile-Agenten-Systemen auch, die Ausführung und Persistenz aller Agenten. Außerdem werden die Agenten voneinander separiert. In *Okeanos* kommunizieren die Agenten über lokale Mailboxen miteinander. Die Reihenfolge der eingehenden Nachrichten wird dabei beibehalten. Das Nachrichtenprotokoll ist an KQML angelehnt (vgl. Kapitel 3.2.1), erweitert dieses aber um die Möglichkeit der Übertragung komplexer Objekte, die nicht in einer Zeichenkettendarstellung vorliegen. Es ist somit möglich, Java-Objekte innerhalb eines Agentenortes per Referenz zu übergeben. Auf eine explizite Serialisierung und Deserialisierung zur Einhaltung des KQML-Standards wurde verzichtet. Dieses Feature lässt sich jedoch relativ einfach in das System integrieren.

Zur Vereinfachung der Migration existiert ausschließlich die Möglichkeit der lokalen Kommunikation (vgl. Kapitel 2.2.2.1). Außerdem werden Agenten informiert, wenn ein Adressat der Nachricht nicht mehr vorhanden ist.

Der Agentenort stellt auch eine einfache Möglichkeit der Persistierung von Agenten zur Verfügung, indem diese durch Objektserialisierung in ein Dateisystem geschrieben werden. Wird

---

[1] griechisch: der Ozean, ältester Meeresgott und stärkster Titan in der griechischen Mythologie. Der Begriff soll den alles durchdringenden Charakter von Mobile-Agenten-Systemen beschreiben.

beim Start des Agentenortes an diesem definierten Ort ein solches serialisiertes Objekt entdeckt, wird versucht, den Agenten wieder zu starten. Außer bei seiner Ankunft am Agentenort ist der Mobile Agent selbst für die persistente Sicherung von sinnvollen Zwischenständen verantwortlich. Er kann dafür einen Basisdienst des Agentenortes in Anspruch nehmen. Da der Agent nach einem Absturz des Ortes wieder aufgesetzt und gestartet wird, muss er sich in einem bestimmten Zustand befinden, der das Weiterarbeiten ermöglicht. Nur der Agent selbst kann diese Zeitpunkte festlegen. Daher ist eine extern gesteuerte Sicherung von Agenten nicht vorgesehen.

In der Studienarbeit von Grabenhorst [Gra04] sind Möglichkeiten der Persistenz von Agenten in Datenbanken mit verschiedenen Zugriffsmöglichkeiten erörtert. Hierbei kann z. B. durch das Datenbankmanagementsystem (DBMS) dafür gesorgt werden, dass bestimmte Ereignisse eine Wiederaufnahme der Verarbeitung auslösen. Der Agent kann auch zeitgesteuert wieder aufgeweckt werden. Ähnlich wie bei Betriebssystemen können Mobile Agenten auf diese Weise außerhalb des Arbeitsspeichers am Leben erhalten werden (engl. *swapping*). Mit Hilfe einer Datenbank können Agenten auch nach bestimmten Merkmalen gesucht und wieder gestartet werden.

4.2 Basisdienste

Ein Agentenort stellt allen Agenten verschiedene Basisdienste zur Verfügung. Diese Dienste umfassen vitale Aufgaben für den Lebenszyklus eines Mobilen Agenten. Im *Okeanos*-System werden dafür Dienstagenten eingesetzt, die untrennbar mit dem Agentenort verbunden sind. Die Implementierung der Dienste innerhalb von Agenten erleichtert die Kommunikation, da sich die Mobilen Agenten auf dieselbe Art mit den Agentenortsdiensten wie mit anderen Agenten austauschen. Die Basisdienste sind in zwei Dienstagenten gekapselt, die im Folgenden vorgestellt werden.

4.2.1 Verzeichnisagent

Der Verzeichnisagent bietet zwei verschiedene Verzeichnisse an. Bei beiden handelt es sich um Dienstverzeichnisse, d. h., das Suchkriterium ist immer eine Beschreibung des Dienstes. Als Antwort bekommt der anfragende Agent entweder die Agenten-ID eines lokalen Agenten, der diesen Dienst anbietet oder den Namen eines Agentenortes, an dem dieser Dienst angeboten wird. Der anfragende Agent kann danach den Dienst direkt lokal adressieren oder muss erst an den angegebenen Ort migrieren und kann dort nach den lokalen Dienstanbietern fragen, um sie schließlich kontaktieren zu können.

Das dahinter stehende Verzeichnis ist entsprechend zweigeteilt in ein lokales und ein globales Verzeichnis. Die Informationen für den lokalen Teil erhält der Verzeichnisagent entweder ex-

plizit per An- und Abmeldung des Dienstes durch den anbietenden Agenten oder implizit über eine spezielle Methode des Agenten, die bei seinem Start abgefragt wird. Auch bei Beendigung eines Agenten wird das Verzeichnis automatisch entsprechend aktualisiert.
Der globale Teil des Verzeichnisses kann auf vielfältige Weise implementiert werden (vgl. Kap. 3.1.3). In der Standardimplementierung löst einen Änderung des Dienstangebotes an einem Agentenort den Start eines sog. Updater-Agenten aus, der durch das ganze Agentensystem reist und diese Änderung mitteilt. Somit kommt die Implementierung ohne zentrales Verzeichnis aus. Da dieser Agent eine gewisse Reisezeit benötigt und viele von diesen Agenten unterwegs sein können, kann es passieren, dass sie in anderer Reihenfolge als sie gestartet sind an einem Ort ankommen. Das führt dazu, dass das globale Verzeichnis Inkonsistenzen aufweisen kann. Mit diesen Inkonsistenzen müssen Mobile Agenten aber immer umgehen können, da der eben angebotene Dienst im nächsten Moment schon nicht mehr verfügbar sein kann.

Abbildung 4.1: Das Dienstverzeichnis von *Okeanos* ist zweigeteilt: ein lokaler Teil bildet die Relation zwischen Agenten und Diensten ab, ein globaler Teil diejenige zwischen Orten und Diensten.

Ein anderes Problem ist die Skalierbarkeit dieser Implementierung, da bei häufigem Wechsel des Dienstangebotes sehr viele Updater-Agenten erzeugt werden und migrieren. Die Standardimplementierung ist daher suboptimal, genügt aber dem Experimentalbetrieb.

4.2.2 Portalagent

Der Portalagent ist die Zentrale für den Lebenszyklus eines Mobilen Agenten in *Okeanos*. Er erfüllt mehrere Aufgaben des Agentenortes indem er sich um Start, Migration und Sicherung von Mobilen Agenten kümmert. Beim Start eines Agenten werden seine Daten in die verschiedenen Datenstrukturen aufgenommen und es wird ihm ein *Thread of Control* [Tan07] zugeordnet. Zur Speicherung des Agenten wird das Java-Objekt des Agenten serialisiert wie in Kap. 4.1 beschrieben.

Falls ein Agent migrieren möchte, teilt er dies dem Portalagenten zusammen mit seinem Migrationsziel mit und versetzt sich selbst anschließend in den transportfähigen Zustand. Der Mobile Agent gibt dazu seinen Thread auf und wartet darauf verschickt zu werden. Der Portalagent wartet, bis der Mobile Agent migrationsfähig ist, kontaktiert den Portalagenten am Zielort und versendet den serialisierten Agenten an das Ziel. Der dortige Portalagent übernimmt den Agenten, sichert seinen Zustand und startet ihn am Zielort neu.

Falls ein Fehler auftritt, weil z. B. der Zielort nicht erreicht werden kann, wird der Agent am Ausgangsort neu gestartet. Der Mobile Agent selbst muss die Fehlerbehandlung durchführen, wenn er erkennt, dass er sein Ziel nicht erreicht hat. Er kann beispielsweise eine gewisse Zeit warten und anschließend erneut die Migration anfordern oder seine Reiseroute ändern.

4.3 Vernetzung

Die Vernetzung der Agentenorte beschreibt eigentlich die Verknüpfung und Erreichbarkeit der Portalagenten untereinander. Agentenorte tauschen neben den migrierenden Agenten keine weiteren Informationen aus. Zwischen den Agentenorten wird Java-RMI als Transportmiddleware für die Mobilen Agenten verwendet. Es sind aber auch andere Protokolle als RMI möglich, es vereinfacht aber den Transport des Agenten erheblich, da eine transparente Objektserialisierung in Java stattfindet. Der Agent wird als Parameter der Remotemethode verwendet. Die Aufrufparameter werden als Kopie (engl. *by-value*) übergeben, daher existieren nach erfolgreicher Übertragung zwei Instanzen desselben Agenten an zwei unterschiedlichen Agentenorten. Der Portalagent am Ausgangsort sorgt nach erfolgreicher Übertragung für die Löschung der entsprechenden Instanz.

Die Vernetzung entspricht einem Point-to-Point-Netzwerk, d. h., jeder Agentenort kann jeden anderen Ort adressieren und direkt erreichen. Prinzipiell kann für die Migration auch ein Multihop-Netzwerk [Tan96] aufgebaut werden, in dem mehrere Einzelschritte zur Erreichung des Ziels notwendig sind. Für *Okeanos* wurde dies jedoch nur eingeschränkt implementiert.

4.4 Skalierbarkeit

Die Skalierbarkeit von *Okeanos* hängt stark von der Anwendung ab. Der Flaschenhals ist die aktuelle Implementierung des Verzeichnisdienstes. Häufige Änderungen des Dienstangebotes erzeugen viele Updateragenten, die durch das ganze Agentensystem reisen, was zu hohem

Übertragungs- und Serialisierungsaufwand führt. Der schwächste Ort im Agentensystem stellte dabei den Flaschenhals dar, wie sich bei den Versuchen für [SBS+00] herausstellte. Andererseits führt ein stabiles Dienstangebot dazu, dass die Anzahl der Agentenorte durchaus groß werden kann.

Die Skalierbarkeit verteilter Verzeichnisse ist ein bekanntes Problem in der Informatik. Es ist nicht das Ziel von *Okeanos* dieses Problem zu lösen.

4.5 Zusammenfassung

Okeanos ist eine einfache Implementierung eines Mobile-Agenten-Systems auf Basis der Programmiersprache Java. Alle Dienste werden konsequent und einheitlich als Agenten implementiert. *Okeanos* verwendet schwache Migration, wobei der Agentenentwickler selbst dafür sorgen muss, den Agenten in einen transportablen Zustand zu versetzen. Checkpointing findet nur bei der Ankunft eines Mobilen Agenten statt, kann aber jederzeit vom Agenten explizit selbst initiiert werden. Das Dienstverzeichnis von *Okeanos* ist zweigeteilt. Ein lokaler Teil bildet die Relation zwischen Agenten und Diensten ab, ein globaler Teil diejenige zwischen Orten und Diensten. Es werden keinerlei sicherheitsrelevanten Einschränkungen getroffen.

Das Agentensystem *Okeanos* bildet ein leicht verständliches Experimentalsystem und erlaubt dank seiner offenen Architektur auch die leichte Erweiterbarkeit bzgl. der Basisdienste zu Forschungszwecken.

Kapitel 5

Anwendungsdomänen und Anwendungsszenarien

5.1 Charakteristika

Jede Anwendungsdomäne hat unterschiedliche Anforderungen an die zu Grunde liegende Infrastruktur. In Tabelle 5.1 werden die benötigten Eigenschaften Mobiler Agenten in einer Matrix den Anwendungsdomänen zugeordnet.

Eigenschaften Anwendung	autonom	mobil	gekapselt	kooperativ	verteilt	lernend	zielorientiert
Bandbreitenreduzierung		X	X		X		
Verteilung	X	X	X		X		X
Unterstützung physikal. Mobilität		X		X	X		
Maintenance	X	X			X	X	X
Mobile Applikat.		X	X	X	X		
Data Balancing		X			X		
Offline Portal	X			X	X	X	
Active Integration	X	X		X	X	X	X
TeleService	X	X		X	X		X

Tabelle 5.1: Eigenschaftsmatrix für Anwendungsdomänen von Agenten: Jede Anwendungsdomäne benötigt unterschiedliche Eigenschaften von Mobilen Agenten. (Vgl. Kapitel 2)

Im Folgenden wird jede Domäne einzeln betrachtet und auf die Eignung für Mobile Agenten hin überprüft.

5.2 Bandbreitenreduzierung

Ein Einsatzgebiet von Mobilen Agenten ist die Verringerung des notwendigen Datendurchsatzes [Tan96] in verteilten Anwendungen. Um die Problematik des fehlenden Durchsatzes näher zu betrachten ist ein Exkurs in die 3-tier-Architektur klassischer Informationssysteme notwendig.

Exkurs: 3-Tier-Architektur
Heutige Informationssysteme sind meistens in der 3- oder n-tier-Architektur aufgebaut (vgl. Kapitel 2.3.2). Zur Vereinfachung wird hier $n = 3$ betrachtet. Die Konsequenzen gelten für Architekturen mit mehreren Tiers ebenso.
In der klassischen 3-tier-Architektur gibt es eine Präsentations-, eine Anwendungs- und eine Datenhaltungsschicht. In der Präsentationsschicht wird die Benutzerschnittstelle umgesetzt. Heutzutage wird vermehrt eine Webanwendung, also ein Webbrowser, der auf einen Web-Applikationsserver zugreift, umgesetzt. Der Applikationsserver stellt die Informationen, die ihm die Anwendungsschicht (engl. *business logic layer*) liefert, mit Hilfe von entsprechenden Technologien wie *Java Server Pages* oder *Java Server Faces* [FC05] dar. Die Präsentationsschicht kann aber auch aus einem ausführbaren Programm bestehen, das seine Daten über eine Remoteschnittstelle von der Anwendungsschicht erhält.
Die Anwendungsschicht enthält die eigentliche Geschäftslogik, also die Verarbeitung und Manipulation der Daten, ohne sich um deren Speicherung zu kümmern. Änderungen oder die Fehlerbeseitigung in der Anwendungslogik berühren daher weder die Präsentations-, noch die Datenhaltungsschicht. Die Anwendungsschicht wird üblicherweise in einem Container ausgeführt. Es gibt dabei leicht gewichtige Container wie z. B. das *Spring* Framework [WB07] oder schwergewichtige Container wie EJB-Container [FC05]. Leicht gewichtige Container verwalten nur den Lebenszyklus von Komponenten, schwergewichtige Container verwalten zusätzlich die Kommunikation zwischen den Komponenten und anderen Subsystemen inklusive der Transaktionen. Man nennt letztere deshalb auch *Managed Container*.
Die Datenhaltungsschicht sorgt für eine persistente Verwaltung aller speichernswerter Daten und organisiert den geordneten Zugriff auf diese Daten. Diese Schicht beinhaltet praktisch immer ein Datenbankmanagementsystem (DBMS) und entsprechende Zugriffskomponenten, in der J2EE-Notation *Data Access Objects*[1] *(DAO)* genannt.
In einfacheren Geschäftsanwendungen wie Buchungs- und Informationssystemen, greift die Anwendungslogik nur auf einen kleinen Bereich der Daten zu. Üblicherweise sind davon wenige Zeilen einer relationalen Datenbank betroffen, die innerhalb einer Transaktion gelesen und geändert werden (engl. *On-Line Transaction Processing (OLTP)* [GR92]). Wichtigstes Krite-

---
[1] http://java.sun.com/blueprints/corej2eepatterns/Patterns/DataAccessObject.html (abgerufen am 25.06.2008)

5.2 Bandbreitenreduzierung

rium ist dabei die Konsistenz und Aktualität der Daten. Transaktionen dauern nur sehr kurz und Sperren sollen nur feingranular vergeben werden, um den Durchsatz nicht zu verringern. Die Datenhaltungsschicht organisiert die Sperren und Transaktionen, so dass die Anwendungsschicht davon unberührt beleibt.

Die Manipulation großer Datenmengen innerhalb einer Transaktion ist nicht vorgesehen und führt bei strikter Einhaltung der 3-Schichten-Architektur unweigerlich zu einem Engpass beim Zugriff auf die Datenhaltungsschicht. Ein Beispiel hierfür ist die Maximumsuche eines Wertes in der Anwendungsschicht. Dazu müssen erst alle Werte aus der Datenhaltungsschicht angefordert, anschließend alle im Speicher in der Anwendungsschicht durchgegangen, das Maximum gesucht und schließlich wieder verworfen werden.

Offensichtlich ist das eine Aufgabe, die ein DBMS lösen sollte. Dieser Engpass kann daher nur aufgelöst werden, wenn die datenintensiven Manipulationen näher an die Datenquellen heranrücken. Das bedeutet, dass die Anwendungslogik in die Datenhaltungsschicht z. B. mittels sog. *Stored Procedures* [RG02] verschoben wird. **Exkurs Ende**

Im Gegensatz zu OLTP gibt es Anforderungen mit integrativem Charakter, die Informationen aus verschiedenen Systemen einbeziehen müssen. Man stößt bei hochverteilten und föderierten Datenquellen, bei Datawarehouse-Anwendungen und bei *On-Line Analytical Processing (OLAP)* [RG02] jedoch schnell an Grenzen der Verlagerung von Anwendungslogik in die Datenhaltungsschicht. Bei föderierten Datenbanken werden sehr unterschiedliche Systeme mit verschiedensten Zugriffsarten eingebunden. Die Möglichkeiten der Verlagerung von Anwendungslogik in die Datenhaltungsschicht sind zudem oft proprietär.

In einem Datawarehouse kommt es nicht so sehr auf die Aktualität der Daten an, sondern es reicht aus, vordefinierte Analysen periodisch anzustoßen. Diese sog. *Materialized Query Tables (MQT)* [GM99] sind bewusst nicht so aktuell wie bei OLTP. Die Anwender sind sich dieser Restriktion aber durchaus bewusst. Der Zeitaufwand, sie ständig zu aktualisieren wäre aber zu hoch und würde den laufenden OLTP-Betrieb stören.

OLAP-Anwendungen werden oft als Teil eines Datawarehouses gesehen. Dabei geht es darum, vieldimensionale Daten über bestimmte Eigenschaften einzugrenzen und so einer Auswertung hinzuzufügen. Beispielsweise wird die Historie der Umsätze mit den räumlichen Eigenschaften gespeichert. Eine OLAP-Auswertung könnte die Umsätze auf das letzte Geschäftsjahr begrenzen und für bestimmte Regionen gruppieren.

5.2.1 Filter

Ein generelles Problem heutiger IT-Landschaften ist das unterschiedliche Wachstum der Netzwerkbandbreite und der Laufwerkskapazitäten. Dies wird offensichtlich, wenn man sich die Standardkonfigurationen von PCs der letzten Jahre ansieht. Während die Netzwerkstandards von 10 Mb/s auf 1 Gb/s gewachsen sind, ist die Festplattenkapazität von ca. 20 MB auf ca. 200 GB gewachsen. Es wird dadurch immer schwieriger, die speicherbare Datenmenge adäquat zu transportieren.

Die großen Datenmengen bewegen sich dabei deutlich über der Terabytegrenze. Falls die Datenmengen so groß sind, dass sie nur noch schwer an einem Ort zu halten sind, wird deutlich, dass es sinnvoller ist, das Programm zu den Daten zu bringen als umgekehrt. Je größer die Datenmengen und der Verteilungsgrad, desto eher lohnt sich eine Migration der Anwendungslogik zu den Daten. Es handelt sich hierbei um das Designparadigma *Remote-Evaluation* (REV, vgl. Kapitel 3.6.4).

Um diese Datenmengen in den Griff zu bekommen, werden Filter an der Quelle eingesetzt, die die Masse an Daten auf das notwendige Maß einschränken. Eine Architektur für Filterkomponenten, die in der Datenhaltungsschicht eingefügt werden können, braucht eine standardisierte Schnittstelle. Solche Filter werden auch *Plug-In* genannt, weil sie vergleichbar einer standardisierten Steckverbindung eingefügt werden können. Bei einer verteilten Anwendung bzw. bei verteilten Daten wird ein Konzept zur Verteilung der Filter benötigt.

Falls die Filterkomponenten durch Mobile Agenten konzipiert werden, ist genau diese Plug-In-Fähigkeit gegeben. Die Agenten können über ihre definierte Schnittstelle angesprochen und auch jederzeit ausgetauscht werden. Für diese Aufgabe erscheinen Mobile Agenten als komplexe Middleware. Ihre Verwendung hat jedoch noch weitere Vorteile:

1. Die Filter lassen sich leicht austauschen. Der Aspekt der Mobilität erlaubt die automatische Verteilung neuer Versionen von Agenten. Dadurch ist ein dezentrales Update auch in hoch verteilten Systemen möglich.

2. Agenten beinhalten einen gewissen Grad an Logik. Manche Agenten beinhalten sogar ein Regelwerk, daher können sie auch Anwendungslogik implementieren. Die Filter können sich so an die Umgebung anpassen und auf bestimmte Ereignisse reagieren. Beispielsweise könnte ein Query-Cache implementiert werden, der sich dynamisch der Last anpasst. Der Cache verhindert die unnötige mehrfache Ausführung der gleichen Query in kurzer Zeit. (Vgl. [BK04])

3. Eine spezielle Anwendung der oben genannten Möglichkeit ist die autonome Replikation von Filtern, um Engpässe durch sequentielle Verarbeitung zu vermeiden. So kann sich die Anzahl der Agenten an den Anwendungskontext anpassen.

4. Der Filteragent selbst kann hochgradig mobil sein. Dabei migriert er auf seiner Reise an verschiedene Orte und interagiert lokal, nimmt aber nur die notwendigen Daten mit. Damit ist der Agent Transportmiddleware und Filter zugleich.

In der Arbeit von Yang et al. [YRG$^+$00] beschreiben die Autoren ein System zur Analyse großer, geografischer Datenmengen mit Hilfe von Java-basierten Mobilen Agenten. Die Daten werden

5.2 Bandbreitenreduzierung

vom *Synthetic Aperture Radar Atlas (SARA)* geliefert. Dabei handelt es sich um multispektrale Fernerkundungsbilder. Die Datenmenge ist dabei so groß, dass die Daten auf drei Standorte (zwei in den USA und einer in Italien) verteilt werden. Eine Abfrage einer bestimmten Region wird anhand spezieller Kundenwünsche zusammengestellt. Die dafür benötigten Daten können auf allen drei Standorten verteilt sein.

Jede Anfrage erzeugt einen *User Request Agent* (URA), der auf die Reise geschickt wird, um die einzelnen Datenquellen zu besuchen. Der URA kontaktiert einen lokalen Dienstagenten, um zu erfahren, was für Daten aktuell verfügbar sind und übergibt dem *Local Retrieval Agent* (LRA) die Anfrage. Dann nimmt er das Ergebnis mit und reist zum nächsten Host, bis er schließlich zum Benutzer zurückkehrt und mit Hilfe des *User Presentation Agent* (UPA) das Ergebnis anzeigt. Erfährt der URA unterwegs, dass eine Teilaufgabe bereits von einem anderen Agenten abgefragt wurde und zwischengespeichert ist, reist er direkt zum Ort der Zwischenspeicherung und holt dort das Ergebnis ab. So kann sich die Reiseroute zur Laufzeit dynamisch ändern. Diese Darstellung ist vereinfacht. Die Autoren beschreiben noch einige weitere Agenten. An diesem Beispiel kann man gut die Verteilung der Aufgaben auf eine Vielzahl verschiedener Agenten beobachten.

Da die Reise des Agenten auf zentralen Routen des Internet verläuft – die Datenquellen befinden sich in gut angeschlossenen wissenschaftlichen Instituten – kann auch ein Nutzer mit vergleichsweise schmalbandigem Netzwerkanschluss mit einer schnellen Antwortzeit rechnen, wohingegen der Transfer der Rohdaten zu ihm deutlich länger dauern würde (vgl. Abb. 5.1).

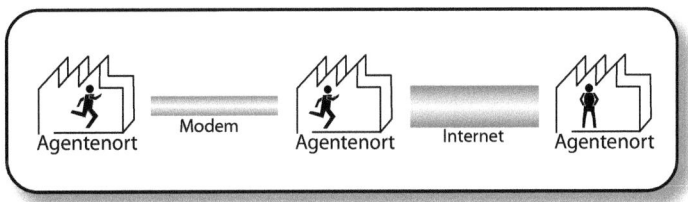

Abbildung 5.1: Der Mobile Agent kann in einem breitbandigen Netzwerk einfacher und schneller agieren als abgeschirmt durch z. B. eine Modemleitung.

5.2.2 Fernsteuerung von Geräten

Mit Geräten bezeichnet man Teile der Computerperipherie und im Speziellen Robotersteuerungen und sog. *Embedded Devices*. Im Folgenden wird Gerät synonym für Steuerungs- und Embedded Device verwendet. Geräte im Internet wurden u. a. im *Verbund Virtuelles Labor* untersucht [BKNG01]. Dabei werden üblicherweise dieselben Technologien verwendet, wie bei n-tier-Client-Server-Systemen. Zu Beginn des Projekts war das Middleware wie z. B. Corba [Pop98] oder auch proprietäre Protokolle über Sockets, später kamen dann auch modernere Ansätze wie Webservices dazu.

Die Schwierigkeit dabei besteht nicht so sehr in der Anbindung und dem Tunneling von Protokollen über das Internet als vielmehr die korrekte Synchronisation der Benutzer, die auf ein einzelnes Gerät zugreifen (Synchronisation). Zusätzlich muss verhindert werden, dass ein Benutzer dem Gerät oder auch der daran angeschlossenen Hardware Schaden zufügen kann. Zum Beispiel darf ein ferngesteuerter Roboter nicht in ein Hindernis gesteuert werden (Sicherheit). Üblicherweise hat der Client bestimmte Handlungsmöglichkeiten und erhält ein Feedback über aktuelle Sensorinformationen vom jeweiligen Gerät. Der eingesetzten Middleware ist gemeinsam, dass die einzelnen Steuerbefehle über einen entfernten Aufruf übertragen werden müssen. Mit steigender Latenzzeit des Netzwerkes wird es schwieriger, adäquat auf die Sensorinformationen zu reagieren. Am Beispiel von Weltraummissionen wird diese Problematik sehr deutlich (vgl. [THCA97]). Aber auch im Internet sind über größere Entfernung deutliche Latenzzeiten feststellbar. Zusätzlich zur Latenz kann die Datenübertragungsrate zum Problem werden, falls sehr viele Sensoren abgefragt werden.

All das führt dazu, dass über das Internet Steuerungen in Echtzeit[2] nur schwer zu realisieren sind. Um die Netzwerkbeschränkungen zu umgehen, muss die Steuerung des Gerätes lokal erfolgen. Das Gerät selbst kann als Datenquelle und -senke betrachtet werden. Folglich kann, wie bei den Filtern im vorherigen Kapitel, die Logik zum Gerät gebracht werden. Dadurch wird einerseits die Netzwerkbelastung und -abhängigkeit reduziert und die Reaktionszeit erhöht. Auch hier ergeben sich durch den Einsatz von Mobilen Agenten zur Kapselung der Steuerungslogik, die in Kapitel 5.2.1 aufgezeigten Vorteile der Austauschbarkeit der Steuerung und der autonomen, dynamischen Reaktion auf Ereignisse.

Falls mit dem Gerät zusätzliche Hardware gesteuert wird, die die physikalische Umwelt beeinflusst wie z. B. Roboter, können Mobile Agenten die Grenzen der virtuellen Welt überwinden und die Aktionen manifestieren sich real.

Durch die breitbandige Anbindung des Steuerungsagenten an das Gerät haben auch Nutzer mit einer eingeschränkten Bandbreite (z. B. via Modem, GPRS, o. Ä.) Zugang zur Steuerung von Geräten im Internet. (Vgl. Abb. 5.1)

5.2.3 Charakteristika

Mobile Agenten können die Anwendungsdomäne *Bandbreitenreduzierung* durch die Mobilität der Anwendungslogik unterstützen, indem Filter bzw. Abfragen in Form von Agenten zu den

---

[2] Mit Echtzeit ist hier die harte Echtzeit gemeint, also die Garantie einer oberen Schranke für die Reaktionszeit.

Datenquellen reisen. Sie sind damit hochverteilt und können auch leicht ausgetauscht werden, da Agenten gekapselte Komponenten darstellen.

Die Verwendung von Mobilen Agenten bietet sich immer dann an, wenn der Transport der Daten zur Anwendungslogik im Vergleich zum umgekehrten Fall teuer ist. Auch die Notwendigkeit von komplexen Abfragen in föderierten Datenquellen kann ein Indikator für die Eignung von Mobilen Agenten für diesen Anwendungsfall sein.

5.3 Verteilung

Der Aspekt der Verteilung hat in vielen Szenarien eine wichtige Bedeutung. Verteilung bedeutet hier einerseits Anwendungslogik an verschiedene Orte gleichzeitig zu bringen, also das Kopieren bzw. die mehrfache Instanziierung der gleichen Anwendungslogik. Andererseits bedeutet es auch die Parallelisierung der Ausführung, da die unabhängigen Instanzen an unterschiedlichen Orten verwendet werden.

Verteilung von Anwendungslogik bringt folgende Vorteile mit sich, führt aber auch zu einigen Nachteilen:

- \+ Parallele Verarbeitung und damit erhöhter Durchsatz
- \+ Vermeidung von *Single-Points-of-Failure*
- \+ Höhere Leistung durch Lokalität der Ausführung
- \+ Bessere Ausnutzung der Hardware
- \+ Skalierbarkeit
- − Konsistenz der Ausführung
- − Versionierung
- − Überwachung
- − Kommunikations- bzw. Migrationsoverhead

Die Nachteile werden in den Anwendungsfeldern in Kauf genommen, in denen die Parallelisierung der Aufgaben unerlässlich ist.

Mobile Agenten können die Architektur einer verteilten Anwendung unterstützen. Sie bilden die Transportkomponenten, die die Arbeitslast (engl. *workload*) auf die einzelnen Knoten verteilt. Mobile Agenten als Transportmiddleware erlauben ein dezentrales, semantisch gesteuertes Routing. Die Route und das Ziel der Nutzlast (engl. *payload*) des Agenten kann durch ihn selbst gesteuert werden. Eine zentrale Steuerung der Verteilung, die einen *Single-Point-of-Failure* darstellt, erübrigt sich. Während der Migration oder am Ziel kann die ursprüngliche Annahme nochmals überprüft werden und gegebenenfalls die Reise fortgesetzt werden.

Aber auch die angebotenen Dienste können durch Mobile Agenten zur Verfügung gestellt werden. Ein Agent als Servicekomponente erleichtert die Integration mit der Transportmiddleware, da beide über einheitliche und innerhalb eines Mobile-Agenten-Systems standardisierte Protokolle kommunizieren und interagieren. Der zusätzliche Nutzen der Mobilität der Serviceagenten ergibt sich aus der leichteren Austauschbarkeit der Dienstanbieter. Services können durch neuere Versionen oder aber auch durch andere Services ersetzt werden. Wie das genau von statten geht, wird in den folgenden Unterkapiteln anhand von Beispielen und Fallstudien beschrieben:

5.3.1 GRID

Der Begriff *GRID-Computing* [FK99] leitet sich vom englischen Begriff *power-grid*, dem Stromnetz ab. Die Idee ist, dass in einem Stromnetz verschiedene Erzeuger und Verbraucher angeschlossen sind und niemand genau weiß, wer wessen Energie verbraucht, trotzdem aber ein exaktes Abrechnen möglich ist. Außerdem haben alle einen einheitlichen Zugriff auf das Stromnetz. Übertragen auf Software bedeutet das, dass es Anbieter von Ressourcen gibt, auf die Benutzer transparent mittels eines allgemein akzeptieren Protokolls zugreifen können und die erbrachten Leistungen abgerechnet werden können. Oft wird GRID-Computing mit verteiltem Rechnen verwechselt. Nach Foster, einem der grundlegenden Architekten des GRID-Computing, gibt es eine Checkliste mit drei Punkten, die entscheidet, ob eine verteilte Anwendung ein GRID ist oder nicht [Fos02]. Demnach ist ein GRID ein System, das

1. Ressourcen ohne eine zentrale Kontrolle koordiniert,
2. offene Standards, allgemein verfügbare Protokolle und Schnittstellen benutzt und
3. nicht-triviale Dienste anbietet.

Diese Definition lässt immer noch viel Spielraum zu, schließt aber eindeutig solche Systeme aus, die sich nur auf die Verteilung von Stapelverarbeitungsprozessen innerhalb eines Netzwerkes spezialisiert haben. Reine Rechenzeit ist ein trivialer Dienst und genügt nicht den Anforderungen an ein GRID. Somit ist z. B. die Grid-Engine der Firma SUN [Gen01] kein GRID in diesem Sinne.

Mobile Agenten haben die Fähigkeit, alle geforderten Bedingungen zu erfüllen. Die Agenten sind autonom in ihrem Handeln sowie ihrer Migration und es gibt keine zentrale Kontrollinstanz. Das GRID erhält so eine einfache Skalierbarkeit bzgl. der Anzahl der teilnehmenden Knoten. Die Transportmiddleware in Form von Agenten ist autonom bzgl. der Verteilung und Optimierung der Zielerreichung.

Da nur nicht-triviale Dienste in einem GRID angeboten werden, wird lokal bei jedem Teilnehmer die Anwendungslogik der Dienste benötigt. Das Hinzufügen bzw. Entfernen eines Dienstes

5.3 Verteilung

ist daher ein Prozess, der gewisser Vorbereitung bedarf. Dies wird zusätzlich durch das Ändern der Teilnehmer erschwert. Die Topologie der Dienste ändert sich also laufend. Zum einen skaliert das GRID bezüglich der Art der Dienste, da diese auf einfache Weise mittels Mobiler Agenten angeboten und ausgetauscht werden können. In dieser Umgebung können Mobile Agenten ihr Potenzial ausspielen, da sie auf die Reaktion auf wechselnde Umweltbedingungen entwickelt wurden. Zum anderen wird auch die Forderung nach offenen Standards bzw. Schnittstellen erfüllt, indem die Agenten untereinander über ein standardisiertes Protokoll kommunizieren.

Ein GRID-System aus Mobilen Agenten könnte folgendermaßen aufgebaut sein: Alle Teilnehmer im GRID starten Agentenorte, die miteinander vernetzt sind. Anschließend stellen Dienstanbieter Agenten zur Verfügung, die sich im Agentensystem verteilen und an geeigneten Orten niederlassen. Diese Orte zeichnen sich durch Merkmale aus, die der Dienst benötigt, z. B. bestimmte Hardwarevoraussetzungen oder Ressourcen, aber auch Restriktionen des Agentenortes, die die Ausführung des Dienstes gestatten. Die Verteilung der Dienstagenten verläuft autonom nach dem Muster der viralen Infektion der Orte. Ein Dienstagent reist durch das Agentensystem und kommt an einen Ort, an dem dieser Dienst noch nicht angeboten wird, aber angeboten werden könnte. Er teilt sich auf, in dem er eine Kopie von sich erzeugt und sorgt dafür, dass diese lokal installiert wird. Anschließend setzt er seine Reise fort. Kommen neue Orte hinzu, werden diese auch von den Dienstagenten bereist und entsprechend der Fähigkeiten des Ortes Dienste installiert. Die GRID-Infrastruktur wird somit sukzessiv aufgebaut.

Nun müssen noch die Aufgaben im GRID verteilt werden. Dafür werden wiederum Mobile Agenten verwendet, die sich nicht nur um den Transport, sondern auch um die Partitionierung des Problems kümmern. Transport und Partitionierung innerhalb eines Agenten zu kombinieren würde einen komplexen und schwerfälligen Agenten bedeuten, was dem Agentenparadigma widerspricht (vgl. Kapitel 2.2.4.2). Sinnvoller ist es für die Partitionierung einen neuen Dienstagenten in Anspruch zu nehmen und den Transportagenten nur mit der Lastverteilung zu beauftragen. Schließlich müssen alle Ergebnisse zusammengetragen werden und dem Auftraggeber präsentiert werden. Dafür werden eigene Agenten verwendet, die diese speziellen Aufgaben übernehmen.

Im folgenden Kapitel wird die Verwendung des Agentensystems *Okeanos* (vgl. Kapitel 4) zum parallelen SAT-Solving beschrieben und näher auf die einzelnen Agententypen eingegangen.

5.3.2 Fallstudie: Verteiltes SAT-Solving

In dieser Fallstudie wird die Verteilung des SAT-Solving-Problems durch Mobile Agenten behandelt.

5.3.2.1 Exkurs: SAT-Solving

Das Erfüllbarkeitsproblem der Aussagenlogik (engl. *SATisfiability*) ist ein Entscheidungsproblem. Dieses Problem tritt u. a. in der Kryptografie sowie in der Verifikation und dem Entwurf von logischen Schaltungen auf. Es wird untersucht, ob eine aussagenlogische Formel ein Modell hat, bzw. ob eine Menge boolescher Einschränkungen eine Lösung hat. Üblicherweise werden diese Einschränkungen in konjunktiver Normalform dargestellt. Eine Lösung besteht aus der Belegung jeder Variable mit entweder *wahr* oder *falsch*, so dass die ganze Formel wahr ist.

Das Problem kann gelöst werden, indem jede Variable mit jeder Belegung durchprobiert wird und anschließend die Formel ausgewertet wird. Aus der Komplexitätstheorie ist bekannt, dass die Klasse der SAT-Probleme NP-vollständig ist [Coo71]. D. h., das Problem ist mit einer nichtdeterministischen Turingmaschine in Polynomialzeit lösbar. Die Ausführungszeit von Problemen dieser Art wächst exponentiell zur Länge der Eingabe auf deterministischen Rechenmaschinen.

Das SAT-Problem lässt sich in Unterprobleme aufteilen, indem eine Variable ausgewählt wird und diese einmal mit *wahr* und einmal mit *falsch* belegt wird. Dadurch entstehen zwei neue Formeln, die getrennt voneinander betrachtet werden können. Dieses Aufteilen lässt sich so lange durchführen, bis keine unbelegten Variablen mehr vorhanden sind. Durch den Davis-Putnam-Algorithmus [DP60] wird die Suche weiter optimiert. Die entstehenden Unterprobleme nach der Aufteilung der Formel können unterschiedlich schwierig zu berechnen sein. Je nach Wahl der Variable mit der die Formel getrennt wird, entstehen unterschiedlich komplexe Teilprobleme. Wie lange ein Unterproblem zur Berechnung benötigt, ist der Formel nicht anzusehen.

Man hat also ein Problem, das im Allgemeinen recht schwierig zu lösen ist und das sich relativ leicht aufteilen lässt. Die Teilprobleme sind aber im Allgemeinen sehr unterschiedlich komplex und es nicht vorhersehbar, wie schwer das Teilproblem ist.

5.3.2.2 Fallstudie

Das hier aufgezeigte Szenario ist ein spezieller Anwendungsfall des GRID-Beispiels aus Kapitel 5.3.1. Die Infrastruktur für das verteilte Rechnen besteht hier auch aus dem Agentensystem *Okeanos* (vgl. Kap. 4) mit Agentenorten an jedem teilnehmenden Hardware-Knoten. Die Dienstagenten werden zur Startzeit des Agentenortes erzeugt und werden nicht dynamisch verteilt. Auf einem Agentenort läuft ein Agent, der als Benutzerschnittstelle fungiert und das Problem in das SAT-Solving-System einbringt. Dieser präsentiert dem Benutzer nach Abschluss der Berechnung das Ergebnis und wird *DP-Masteragent* genannt (vgl. Abb. 5.2). Der *Masteragent* erzeugt einen *Distributeragent* und instruiert ihn mit der Problemstellung. Letzterer sorgt dann für die Aufteilung des Suchproblems, indem er einen Klon von sich erzeugt und ihm die Hälfte des Suchbaumes nach der Belegung einer gewählten Variable mitgibt. Alle

5.3 Verteilung

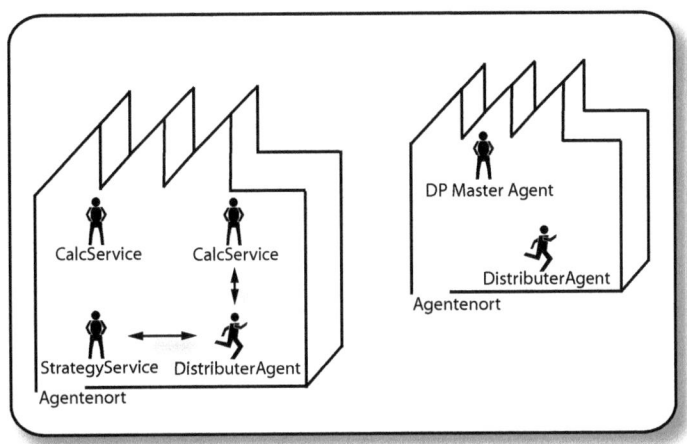

Abbildung 5.2: Agentenorte mit den unterschiedlichen notwendigen Agenten. Der Distributeragent trägt das Teilproblem, der CalcService führt den Davis-Putnam-Algorithmus aus und der Strategy-Service berät bzgl. der Lastverteilung.

Distributeragenten kehren nach Bearbeitung ihrer Teilaufgabe zum DP-Masteragenten zurück. Dieser überprüft anhand der bearbeiteten Aufgaben, ob bereits alle Teile bearbeitet wurden und liefert dann das Ergebnis zurück. Falls eine Lösung der Formel gefunden wurde, kann die verteilte Berechnung beendet werden, was über einen speziellen Verzeichniseintrag markiert wird.

Der Distributeragent ist ein Mobiler Agent, der das Agentensystem durchwandert und einen Dienst, den *CalcService*, sucht, der das SAT-Solving für ein Teilproblem durchführen kann. Dieser Dienst wird durch den *DP-Serviceagent* implementiert. Der Davis-Putnam-Algorithmus ist in einer dynamischen Bibliothek in C++ realisiert und wird über das *Java Native Interface (JNI)* angesprochen.

Die Distributeragenten melden sich bei den DP-Serviceagenten an und werden durch diese in eine Servicewarteschlange eingereiht. Der Serviceagent zieht den *FreeCalcService* zurück, mit dem er anzeigt, dass er gerade nicht beschäftigt ist. Trotzdem können sich weiter Agenten anmelden und werden eingereiht. Die Distributeragenten reagieren auf Veränderungen des Dienstangebotes, wenn sie auf den CalcService warten und auch wenn sie bereits ihre Teilaufgabe zur Berechnung abgegeben haben. Falls andere CalcServices frei werden, fragen sie einen weiteren Dienst an, wie sie sich verhalten sollen. Dieser Dienst heißt *StrategyService* und wird durch einen speziellen stationären Agenten angeboten. Wartenden Agenten kann er raten zu migrieren oder aber in der Warteschlange zu verbleiben. Distributeragenten, deren Teilproblem gerade bearbeitet wird, können sie empfehlen, die Aufgabe aufzuteilen. In diesem Fall wird der Davis-Putnam-Algorithmus unterbrochen, der Suchbaum wird aufgeteilt und einem neu erzeugten Distributeragent übergeben. Der ursprüngliche Agent lässt seinen Teil damit weiter bearbeiten. Der neue Distributeragent macht sich nun seinerseits auf die Suche nach einem unbenutzten CalcService.

Der StrategyService ist notwendig, um die Balance zwischen Leerlauf der CalcServices und unnötig großer Aufteilung in sehr kleine Teilprobleme zu verhindern. Alle Distributeragenten bekommen mit, dass ein CalcService im Leerlauf ist, was naiv dazu führen würde, dass alle aktuellen Berechnungen aufgeteilt werden. Dadurch würden unnötig viele Teilaufgaben entstehen. Andererseits ist es gut, wenn in den Warteschlangen immer neue Aufgaben vorrätig sind, damit die Prozessoren der Hardwareknoten auch ausgenutzt werden.

In dieser Applikation findet die Koordination der Agenten über das Verzeichnis statt. Wie in Kapitel 4.4 erläutert, kann die häufige Änderung des Dienstangebotes in der aktuellen Implementierung von *Okeanos* zum Flaschenhals werden. Die Agenten lösen die Aufgabe autonom, sie erhalten über das Verzeichnis nur die Informationen über ihre Umwelt. Sie haben die Information, ob ein Berechnungsdienst frei ist oder nicht abonniert. Sie werden aber nicht zentral gesteuert oder koordiniert. Allein die Information genügt, um eine Neuorientierung der Mobilen Agenten zu bewirken. Somit wird deutlich, wie Koordination der Agenten und Autonomie zusammenwirken und sich nicht widersprechen. Die unbekannte Aufteilung des Suchproblems bereitet diesem dezentralen Ansatz kein Problem. Auch eine zentrale Koordination hätte nicht mehr Information zur Verfügung wie das Suchproblem partitioniert werden soll.

5.3.2.3 Ergebnisse

Bei den Versuchen mit den öffentlich verfügbaren DIMACS[3] Benchmarks wurde eine unterschiedliche Anzahl von Knoten getestet. Vom sequentiellen Fall mit einem Knoten über 3 und 5 bis zu 10 Knoten ergab sich eine Verbesserung der Ausführungszeit je mehr Knoten hinzugefügt wurden. Die Verbesserung von 5 auf 10 Knoten war jedoch schon sehr gering, so dass bei weiterer Erhöhung der Knotenanzahl mit einer Verschlechterung der Leistung zu rechnen ist, was auf Probleme in den Verzeichnisupdates zurückzuführen ist.

Ein weiteres Ergebnis ist die Streuung der Ausführungszeit bei gleicher Knotenanzahl. Jeder Lauf des SAT-Solving führt zu einem anderen Ausführungsverhalten, da die Wege der Distributeragenten und die Zeitpunkte der Aufteilung und damit die Variablenbelegung nicht eindeutig sind. Es ist auch vorstellbar, falls ein Modell gefunden wird, dass bei jedem Lauf ein anderes durch die Anwendung ermittelt wird.

Die genauen Ergebnisse können in [SBS+00] nachgelesen werden.

---

3 Center for Discrete Mathematics & Theoretical Computer Science. Ein an der Rutgers Universität angesiedeltes Gemeinschaftsprojekt der National Science Foundation.

5.3 Verteilung

5.3.2.4 Fazit

Diese Fallstudie zeigt, wie ein Prototyp einer GRID-Anwendung mit Mobilen Agenten aussehen kann. Durch das nicht-deterministische Verhalten der Suchproblemaufteilung kann man diese Anwendung als Stellvertreter für eine Klasse von Anwendungen sehen, die sich zwar relativ leicht parallelisieren lässt, bei der aber die Ausführungszeiten der Teilaufgaben nicht vorhersehbar ist. Dies ist z. B. auch bei Web-Anwendungen mit vielen Benutzern der Fall, da die Eingaben der Anwender die Antwortzeiten wesentlich beeinflussen können.

5.3.3 Fallstudie: Verteilte Suche mit instrumentierten Anwendungen

Die oben vorgestellte Fallstudie in Kap. 5.3.2 ist ein Beispiel einer einfachen GRID-Anwendung. In einer weiteren Fallstudie wird ein komplexeres und adaptiveres Szenario einer verteilten Applikation betrachtet, um die Möglichkeiten einer auf Mobilen Agenten basierenden Architektur zu demonstrieren.

5.3.3.1 Anwendung

Das Szenario geht davon aus, dass in einer Institution bzw. einem Unternehmen viele vernetzte Computer eingesetzt werden, auf denen Büroanwendungen wie z. B. Microsoft Word Verwendung finden. Diese Systemlandschaft erzeugt oft eine große Menge an unterschiedlichst strukturierten Datenablagen auf vielen verteilten Dateisystemen. Diese Daten sind oft nur den einzelnen Mitarbeitern zugänglich, wodurch der Informationsschatz einer Unternehmung brachliegt. Die Anweisung, Daten wirklich zentral und für alle verfügbar abzulegen, lässt sich nur schwer kontrollieren und wird oft unterlaufen. Erschwert wird das Problem durch die Verwendung proprietärer Dateiformate. Inzwischen sind viele Büroanwendungen auch frei verfügbar. Oft haben diese aber ihre ganz eigenen Formate zur Ablage der Informationen. Der Zugriff auf diese Dateien kann sinnvollerweise somit nur über die Anwendungen selbst erfolgen.

Die hier vorgestellte Agentenanwendung ermöglicht die Suche nach Wörtern in Daten. Es wird davon ausgegangen, dass es sich um Informationen in Textform handelt. Zudem soll der Eingriff auf die Arbeitsplatzcomputer möglichst gering sein.

5.3.3.2 Architektur

Die Anwendung sieht vor, dass auf jedem Computer ein Agentenort installiert werden muss. Es müssen aber keine speziellen Serviceagenten vorinstalliert werden. Dies ist die minimal notwendige Infrastruktur, um eine GRID-Anwendung mit Mobilen Agenten aufzubauen. Die notwendigen Serviceagenten migrieren bei Bedarf zu den Orten, an denen sie benötigt werden. Folglich ist die gesamte Anwendung durch Mobile Agenten aufgebaut.

Im Folgenden werden die einzelnen Agentenklassen näher betrachtet:

Useragent Der Useragent ist die Schnittstelle zum Benutzer. Er bietet eine grafische Eingabemöglichkeit (GUI) an. Dort können die Suchwörter und eventuell auch weitere Restriktionen wie z. B. die maximale Suchdauer oder die maximale Anzahl an Treffern eingegeben werden. Der Useragent initiiert die Suchanwendung auf Wunsch des Benutzers und sammelt die Trefferlisten ein, um sie schließlich dem Benutzer zu präsentieren.

Installeragent Dieser Mobile Agent installiert notwendige Bibliotheken um betriebssystemnahe Dienste in Anspruch nehmen zu können. Der Installeragent wird nicht von sich aus aktiv, sondern wird von anderen Agenten instruiert, wo er was installieren soll. Er migriert dann mit der entsprechenden Bibliothek an den Zielort und installiert diese dort. Dabei kopiert er die Datei in ein vorher festgelegtes Verzeichnis[4] und lädt die Bibliothek in die JVM. Außerdem hinterlässt er am Agentenort die Java-Bibliothek, die zur Nutzung der nativen Bibliothek notwendig ist.

ServiceRepository Das Service Repository ist ein Speicher für verschiedenste Dienstagenten. Diese können von anderen Agenten angefordert und instanziiert werden. Die dort abgelegten Agenten können einfache oder auch sehr spezielle Dienste anbieten. Unter Umständen können für einen Dienst auch mehrere Agenten benötigt werden, die dafür dann instanziiert werden. Die Agenten sind entweder mobil und können selbst zum Einsatzort gelenkt werden oder sie sind nur stationär verfügbar und werden mit Hilfe eines Installeragenten zum Ziel transportiert. Das ServiceRepository besitzt eine Datenbank aus der anhand der Servicebeschreibung die entsprechenden Agenten erzeugt werden können. Es kann auf Anfrage auch Connectoragenten (s. u.) erzeugen, die Anwendungen außerhalb des Agentensystems anbinden.

Servicedetector Der Servicedetector ist ein Agent, der das Agentensystem durchwandert und nach Möglichkeiten sucht, externe Systeme anzubinden. Er erschließt für andere Agenten die Welt außerhalb des Agentensystems. Dazu lässt er vom Installeragent eine spezielle Bibliothek installieren, die den Zugriff auf COM-Objekte ermöglicht.

In seiner Dissertation beschreibt Nusser [Nus05] die automatische Generierung von Java-Komponenten zur Kapselung von COM-Objekten auf Windows Rechnern. Dabei können die COM-Objekte auch dynamisch analysiert werden. Durch diese Bibliothek werden alle COM-Objekte auf dem Hostsystem des Agentenortes zur Verfügung gestellt. Die üblichen Büroanwendungen wie z. B. Microsoft Word sind dadurch für Agenten zugänglich und können durch sie instrumentiert werden. Die Transformation der COM-Funktionsaufrufe

---

4 z. B. /tmp in Unix-Systemen

in das Agentenkommunikationsprotokoll ist nicht Aufgabe des Servicedetectors, sondern wird durch den Connectoragenten hergestellt.

Connectoragent Diese Agentenklasse wird vom ServiceRepository erzeugt und kann Systeme außerhalb des Agentensystems ansprechen. Dazu verwenden die Agenten die durch den Servicedetector installierten Bibliotheken, um z. B. auf COM-Schnittstellen zuzugreifen. Diese Aufrufe müssen in das Nachrichtenprotokoll (z. B. KQML) übersetzt werden, was die zentrale Aufgabe dieser Agenten darstellt. Zusätzlich kümmern sie sich um die notwendige Synchronisierung der Zugriffe, indem sie sich merken, welche Anfragen bereits zu welcher Zeit ausgeführt wurden. So kann vermieden werden, dass dieselbe aufwändige Suche mehrfach ausgeführt wird. Auch ein Caching ist hier vorstellbar.

Distributeragent Der Distributer arbeitet ähnlich wie in der vorherigen Fallstudie. Er bekommt vom Useragent die Suchanfrage übergeben und führt sie an jeder möglichen Stelle im Agentensystem aus. Dabei berücksichtigt er die vorgegebenen Einschränkungen, die der Benutzer im Useragent definiert hat. Damit die Suche parallel abläuft, klont sich der Distributeragent und die Menge der Klone durchsuchen das Agentensystem. Die Ergebnisse liefern sie bei dem Useragent ab.

5.3.3.3 Anwendungsablauf

Im Folgenden wird ein typisches Szenario der Anwendung beschrieben (vgl. Abb. 5.3):
Nach der Installation der Agentenorte kann die Anwendung benutzt werden. Der Useragent wird instanziiert und stellt seine Benutzerschnittstelle dar. Der Benutzer kann die Suchwörter eingeben und in einer Liste markieren, welche Dateien durchsucht werden sollen. In diesem Szenario werden TXT-, DOC- und XLS-Dateien, also ASCII-Text, Microsoft Word- und Microsoft Excel-Dateien ausgewählt.
Da die beiden Büroanwendungen über die COM-Schnittstelle angesprochen werden, instruiert der Useragent den Servicedetector nun das Agentensystem nach möglichen Installationsorten zu durchsuchen. Dieser durchreist das Agentensystem und beauftragt Installeragenten, die er über das ServiceRepository erhält, die Bibliotheken zu installieren.
Nach erfolgreicher Installation der COM-Bridge kann der Useragent das ServiceRepository beauftragen, die benötigten Connectoragents für die Suche durch Installeragents zu verteilen. Neben dem Zugriff auf Excel und Word wird auch ein Suchdienst in ASCII-Dateien benötigt. Dieser Agent benötigt keine Zugriffe auf andere Anwendungen, sondern nur auf das Dateisystem, was jedem Agenten möglich ist. Der Installeragent installiert also dynamisch zur Laufzeit drei verschiedene Agenten, die dem Distributer später die Suchdienstes anbieten. Zwei bieten den Dienst für die Büroanwendungen und einer für die Dateien an.
Nun kann der Useragent den ersten Distributeragenten erzeugen und ihm die Suchanfrage mitgeben. Der Distributeragent merkt sich die Startzeit der Suche, um eine Begrenzung der

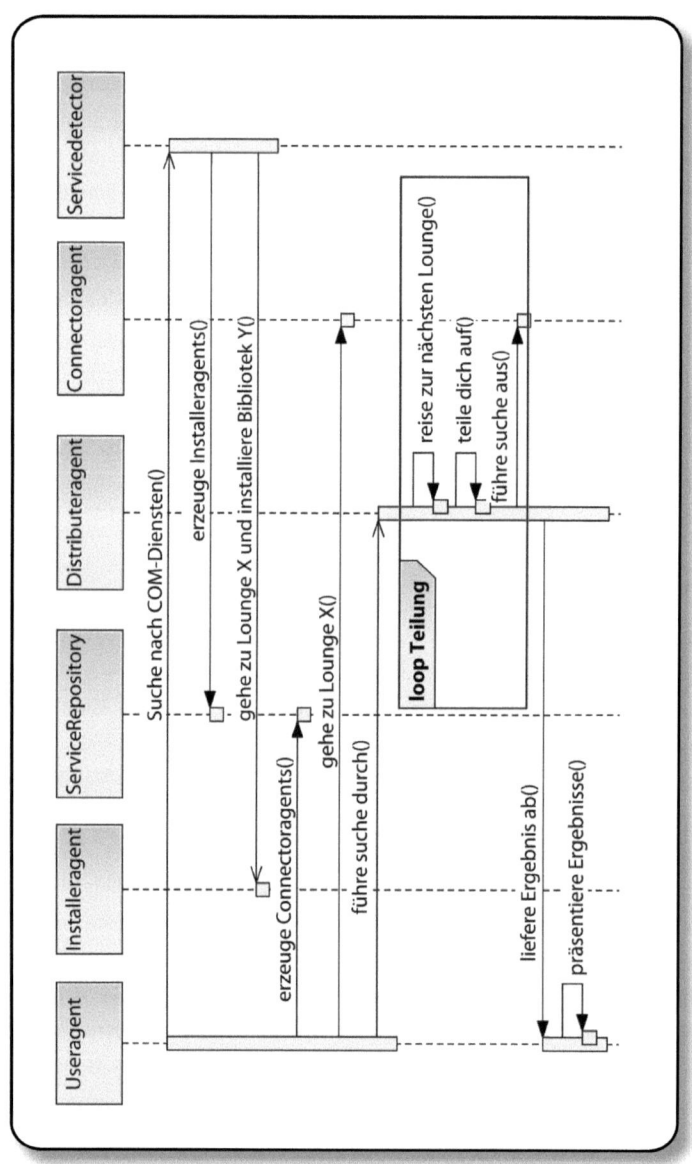

Abbildung 5.3: Sequenzdiagramm der Fallstudie *Verteilte Suche*.

Suchzeit einhalten zu können. Dann teilt er sich auf und erzeugt einen Klon von sich selbst. Die beiden reisen anschließend zu zwei verschiedenen Orten, an denen die Suchdienste angeboten werden und teilen sich dort erneut auf. So werden immer mehr Distributeragenten erzeugt und es gibt keinen einzelnen Knoten, der die ganze Last der Teilung und der Migration tragen muss. Wie viele Distributoragenten erzeugt werden, wird durch den Useragenten vorgegeben und hängt von der Anzahl der gefundenen Dienste ab. Die Distributeragenten selbst zählen jede Teilung mit und teilen sich nicht weiter auf, wenn $2^{Teilungen} > maxAgenten$ ist. Dadurch werden fast immer zu wenige Distributeragents erzeugt.

Die Distributer vor Ort fragen parallel alle relevanten und vorhandenen Dienste an und warten auf deren Antwort. Sollte ein anderer Distributer mit der gleichen Suchanfrage an den Ort kommen, wird dessen Suchanfrage abgewiesen. Der abgewiesene Agent reist dann weiter auf der Suche nach verfügbaren Suchdiensten.

Ist die Suchzeit abgelaufen, kehren alle Distributeragenten zum Useragenten zurück, gleichgültig ob sie erfolgreich waren oder nicht. Dadurch ist gewährleistet, dass das Agentensystem nicht unnötig belastet wird, obwohl das Ergebnis nicht mehr interessiert.

Auf Einzelheiten der Koordination der Agenten wird an dieser Stelle verzichtet, da es sich dabei um Implementierungsdetails handelt. Zur Optimierung der Performance muss v. a. die Koordination perfekt ablaufen. Es ist z. B. von Vorteil, dass die Distributeragenten wissen, ob sie einen Agentenort noch besuchen müssen oder nicht mehr. Wie eine solche Notifizierung aussehen kann, ist in Kapitel 5.3.2 beschrieben.

5.3.3.4 Fazit

Die Fallstudie zeigt, wie einzelne Blöcke der Anwendungslogik in Agenten gekapselt werden können und anhand ihrer Aufgaben unterschiedlich verteilt werden. Es ergibt sich daraus automatisch eine Parallelität über Systemknoten hinweg ohne eine zentrale Kontrollinstanz dafür bemühen zu müssen. Für die Suche werden die Dienste massiv parallel angefragt und gleichzeitig die Ressourcen des Hostsystems in Anspruch genommen.

Außerdem wird die notwendige Infrastruktur auch autonom und parallel verteilt. Daher ergibt sich offensichtlich eine hohe Skalierbarkeit bzgl. der Anzahl der durchsuchten Systeme.

5.3.4 Charakteristika

Die Autonomie der Mobilen Agenten ist der Hauptvorteil bei der Verteilung innerhalb eines großen Agentensystems. Sie ermöglicht die Skalierung in Bereiche, die mit zentraler Kontrolle nicht erreichbar wären. Durch die Kapselung der einzelnen Dienstleistungen in Form von Agenten ist die weite Verteilung und gleichzeitig auch die flexible Nutzung neuer Dienste möglich. In diesem Bereich finden sich viele Anwendungen, die dargestellten zwei Fallstudien sind nur Beispiele, die durch Mobile Agenten unterstützt werden können.

5.4 Unterstützung der physischen Mobilität

Die Unterstützung von mobilen Anwendern ist ein wichtiges Ziel für heutige Software- und Systemarchitekturen. Die physische Mobilität der Benutzer erfordert Anwendungen, die auf die wechselnden Umwelteinflüsse bzgl. Konnektivität und die zumeist reduzierten Hardwareressourcen reagieren können. Dabei soll der Komfort und die Aktualität einer Desktop-Anwendung so weit als möglich erhalten bleiben.

Zielsysteme für mobile Anwendungen sind vornehmlich sog. engl. *Personal Digital Assistants (PDA)* und zunehmend auch Mobiltelefone mit entsprechender CPU und Speicherausstattung (sog. *Smartphones*). Die Grenzen zwischen diesen Plattformen verschwinden zunehmend und die Anwendungsmöglichkeiten wachsen ständig. So sind bereits Geräte verfügbar, die neben Verbindungen mittels GSM oder UMTS auch mittels Bluetooth und WLAN (Netzwerke gemäß IEEE 802.11) Verbindung mit Netzwerken aufnehmen können. Zusätzlich gibt es die Möglichkeit zum Empfang von Informationen wie z. B. GPS-Signalen zur exakten Positionsbestimmung. Die Mobilen Endgeräte verfügen somit über verschiedene Möglichkeiten zur physischen Lokalisierung als auch zur Verbindung mit unterschiedlichen Netzwerken.

Die Konnektivität muss dabei ständig neu überprüft werden, da die Anwendung weiterhin möglichst aktuell die Benutzerbedürfnisse befriedigen soll. Bei der Wahl der geeigneten Verbindung muss nicht nur die Verfügbarkeit beachtet werden, sondern auch zwischen den verschiedenen Möglichkeiten in Abhängigkeit von Bandbreite, Latenz und Kosten abgewogen werden. Beispielsweise kann es durchaus sinnvoll sein, eine bestehende GSM-Verbindung zu beenden, sobald man in den Bereich von WLAN-Abdeckung kommt.

Grundanforderung für die Konnektivität ist die Annahme, dass die Mobile Anwendung auf die Aktualisierung aus verschiedenen, entfernten Datenquellen angewiesen ist. Dies ist bei den heute üblichen Anwendungen fast immer der Fall, da die Mobilen Anwendungen als Benutzeroberflächen mit mehr oder weniger Logik (sog. *Smart-Clients*) für Informationssysteme dienen. Je nach Anwendung ist die Bandbreite und Latenz von entscheidender Bedeutung. Beispielsweise wird ein Benutzer es nicht akzeptieren, bei jeder Eingabe auf eine serverseitige Validierung zu warten, falls dies lange dauert. Diese Vorgehensweise verwenden heutige webbasierte Desktopanwendungen mit Hilfe von *Asynchronous JavaScript and XML (AJAX)*[5]. Die Mobilen Endgeräte benötigen folglich mehr Software, um Lücken in der Kommunikation zum Server bzw. zu den Datenquellen überbrücken zu können und den Benutzer trotzdem adäquat zu bedienen.

Für die Behandlung der Verbindungsunterbrechung gibt es verschiedene Möglichkeiten:

1. Ignorieren: dies führt unweigerlich zu Fehlermeldungen.

---

5 http://www.adaptivepath.com/ideas/essays/archives/000385.php
(abgerufen am 25.06.2008)

5.4 Unterstützung der physischen Mobilität

2. Aktiv informieren: der Benutzer wird aktuell über den Zustand der Verbindung und damit der Anwendung unterrichtet, kann aber nicht weiterarbeiten.
3. Alle notwendigen Daten replizieren: Das ist nur teilweise möglich, weil der Datenbestand entweder sehr groß ist und die Anwendung die verwendeten Daten antizipieren müsste oder sie sich häufig ändern.
4. Eine Mischung aus den obigen Ansätzen: Möglichst viele Daten replizieren, unterbrochene Verbindungen möglichst transparent handhaben und notfalls den Arbeitsablauf unterbrechen.

Der vierte Ansatz ist offensichtlich der wünschenswerteste, aber auch der komplexeste. Die Frage, welche Daten wie zu replizieren sind, ist schwierig zu beantworten. Auch die spätere Synchronisierung, also das Zusammenführen nach einer Verbindungsunterbrechung ist stark von den Daten selbst und der auf die entsprechenden Daten angewandte Semantik abhängig. Es handelt sich dabei also um Daten inklusive ihrer Replikationslogik. Dies ist in der Objektorientierung genau das, was ein Objekt auszeichnet: Daten – also der Zustand – und Methoden – die Replikationslogik. Die Menge der Datentypen und Instanzen kann bei dieser Vorgehensweise allerdings schnell unübersichtlich werden.

Im Folgenden wird ein deklarativer Ansatz zur Kapselung von Daten aufgezeigt, der sich besonders gut für Mobile Agenten eignet.

5.4.1 Mobile Datencontainer: Living Documents

Living Documents (LD) ist ein von Schimkat propagiertes Konzept [Sch03], das die Grundlage für dokumentenzentrierte Informationssysteme bildet. Der Autor beschreibt die Notwendigkeit für LD aufgrund der immer stärkeren Verbreitung von Dokumenten in Anwendungen. Als Beispiel sei hier das WWW angeführt oder auch andere Dokumentenverwaltungssysteme. Die Bearbeitung von und die Zusammenarbeit mit Dokumenten erfordert von der Anwendung die Verwaltung von Metadaten bezüglich des Dokuments und des Nutzungsverhaltens. So werden z. B. Zugriffe der Benutzer, Manipulationen am Dokument selbst, aber auch reine Metadaten, die den Zustand des Dokuments beschreiben, verwaltet. Diese dokumentenbezogenen Metadaten werden dann zusammen mit dem Dokument gespeichert. Dies führt zu proprietären Formaten wie sie z. B. in den bekannten Textverarbeitungen verwendet werden. Aus der Sicht objektorientierter Softwareentwicklung ist das Konzept der klassischen Dokumentenverwaltung ein Bruch mit dem Prinzip der Datenkapselung. Daten werden durch das Dokument bereitgestellt, ohne dass das Dokument selbst auf seine Manipulation Einfluss nehmen kann. Dokumente sind demnach Datentypen gleichgestellt, aber weniger mächtig als Objekte. Gewisse Metainformation, z. B. über den Zugriff oder bearbeitete Änderungen, sind nicht auf eine Dokumentenklasse beschränkt, sondern universell gültig. Der Abgleich zwischen dieser

Metainformation für verschiedene Dokumentenklassen ist allerdings nur mit der entsprechenden Anwendung möglich, obwohl nur dokumentenklassenunabhängige Metainformation bearbeitet werden soll. Auch die Benutzbarkeit von Dokumenten ohne die dazugehörige Anwendung ist nur bedingt gegeben. Schließlich kann man sogar davon ausgehen, dass sich die Semantik des Dokumenteninhalts erst im Zusammenhang mit der Anwendung ergibt.

Vor diesem Hintergrund stellt sich die Frage, wie das Konzept der Dokumentenverwaltung verbessert werden kann. Im Folgenden werden die Living Documents näher beschrieben, die eine mögliche Lösung darstellen:

5.4.1.1 Architektur von Living Documents

LD bestehen aus drei Teilen:

Daten(-BLOBs) Dies sind die klassischen Dokumente wie z. B. MS-Word, Grafikdateien im TIFF-Format oder Ähnliches.

Der Begriff des Dokuments erhält hierbei eine andere Granularität, da beliebige viele Rohdaten in diesem Bereich abgelegt werden können. Ein LD kann somit mehrere Dokumente (z. B. Textdateien) gemeinsam verwalten. Die Granularität hängt von der Anwendung und der Art der Dokumente ab. Ein LD muss nicht zwingend Rohdokumente enthalten, sondern kann auch nur Träger von Metainformationen sein.

Semistrukturierte Datenbasis Hier werden die Metadaten bzgl. der reinen Rohdaten abgelegt. Die Metadaten umfassen zum einen die Beschreibung der Rohdaten mit zusätzlicher Verschlagwortung und weiterer semantischer Information, die den Inhalt des Dokuments betrifft. Zum anderen werden hier Metadaten bzgl. der Manipulation und des Zugriffs auf die Rohdaten gespeichert. Zusätzlich können noch Beziehungen zwischen LD und / oder Rohdaten und Umweltinformationen gespeichert werden. Letzteres ist z. B. die zeitliche Verteilung der angemeldeten Benutzer an ein System, aufgrund dessen das LD entscheiden kann, wann notwendige Wartungsarbeiten am besten durchgeführt werden. Eine folgende Aktion könnte das Erstellen einer Sicherung sein:

Schimkat bezeichnet diese Metadatenbasis auch als *Knowledge Repository (KR)*, das Wissen über den Dokumentenzustand enthält. Das KR ist eine Middlewarekomponente, die strukturierten Zugriff auf einzelne Dokumentenzustandsinformationen ermöglicht. Jedes LD besitzt ein KR, auf das nur über die Code-Komponente zugegriffen werden kann.

Code-Komponente Der Applikationscode verwaltet sowohl die Rohdaten als auch die Metadaten. Der Zugriff auf beide Vorräte findet ausschließlich über Funktionen statt, die in diesem Teil des LDs abgelegt sind. Die Code-Komponente stellt die Kommunikationsschnittstelle oder auch die API (engl. *Application Programming Interface*) dar.

Hier sind verschiedene Implementierungsansätze vorstellbar (vgl. Kap. 3.4). Die Code-

5.4 Unterstützung der physischen Mobilität 75

Komponente kann in einer imperativen Programmiersprache geschrieben sein. Damit ist die Funktionalität klar ersichtlich und fest definiert. Deklarative Ansätze wie z. B. JESS [FH02] bieten deutlich mehr Möglichkeiten im Hinblick auf Ereignissteuerung, aber auch Änderung der Funktionalität zur Laufzeit. Letzteres kann mit dem Einfügen neuer Regeln zur Laufzeit entstehen.

Es gibt unterschiedliche Möglichkeiten zur Implementierung der Applikationslogik und der Schnittstellengestaltung. In Zusammenarbeit mit dem Autor entwickelte Schimkat die LD in Form von Mobilen Agenten innerhalb des *Okeanos*-Systems. Daraus ergibt sich auch der Name *Living Document*.

Folgende beide Eigenschaften zeichnen ein LD als *lebendig* aus:

1. Das LD verändert sich ständig in der Anzahl der Rohdokumente. Die Veränderung ist im Dokumentenzustand durch die Menge der semistrukturierten Metadaten abgebildet.
2. Durch die Implementierung als Mobiler Agent wird das LD selbst auch logisch mobil und ist fähig zeitlich und räumlich seinen Zustand aktiv zu verändern.

5.4.1.2 Implikationen der Architektur

Aus der vorgestellten Architektur der LD ergeben sich einige Eigenschaften, die auch in [FSK02] beschrieben sind.

Das vorgestellte Design erlaubt den einheitlichen Zugriff auf jegliche kontextbezogene Information. LD sind demnach als Middleware-Schicht (vgl. [Gei01] und [Ber96]) zum Zugriff auf die kontextbezogene Information zu sehen. Dieser einheitliche Zugriff ist ein wesentliches Merkmal von LD, wodurch die Kooperation von LD möglich wird. Es bedeutet aber nicht, dass die interne Struktur der LD gleich sein muss. Auch die Menge der Zugriffsfunktionen kann variieren.

Durch die unterschiedlichen Zugriffsmöglichkeiten können personalisierte Sichten auf die LD gewährt werden. Jeder Nutzer bzw. jede Gruppe kann eine andere Sicht bzgl. der Darstellung, den Informationen und auch der Zugriffsrechte besitzen. Einige Benutzer sind beispielsweise mehr an den Rohdaten, andere eher an den Metadaten interessiert.

Die LD bilden in ihrer Gesamtheit ein Informationssystem, bestehend aus einzelnen LD als Microserver, die ihre Daten verwalten und in Kooperation Anfragen erfüllen können. Das Verhalten kann entweder reaktiv wie in Client-Server-Architekturen erfolgen oder auch proaktiv, d. h. vom LD getriggert werden. Beispielsweise könnte eine gespeicherte Suchanfrage immer dann ausgeführt werden, wenn neue LD bzw. neue Informationen verfügbar werden.

5.4.1.3 Anwendung

Jedes LD verwaltet seine eigenen Rohdokumente. Da sie als eigenständige Microserver fungieren, benötigen sie außer einer minimalen Ausführungsumgebung keine weitere Software zur Manipulation der Informationen und Dokumente. Ihr Speicherverbrauch wird v. a. von den enthaltenen Daten und Metadaten bestimmt. Die Ausführung auf mobilen Geräten (also die physische Mobilität) wird dadurch stark gefördert, da die Anforderungen an das Endgerät dokumenten- und anwendungsabhängig ist, aber keine zusätzliche komplexe Software benötigt. Beispielsweise lassen sich einfach Metadaten bearbeiten oder analysieren ohne die Software zur Verfügung zu haben, die die Manipulation der Rohdokumente ermöglicht.

Ein weiterer Vorteil der LD ist die Möglichkeit zur autonomen Replikation. Falls eine Kopie eines LD oder eines Rohdokuments auf einem mobilen Gerät benötigt wird, kann ein LD kopiert werden und mit dem Code angereichert sein, der notwendig ist, die entsprechenden Daten bei Verfügbarkeit wieder zu synchronisieren. Eine beispielhafte Anwendung ist ein kollaboratives Dokument, das als Rohdokument in einem LD abgelegt wird und an dem mehrere Personen gleichzeitig und teilweise auch mobil ohne Netzverbindung arbeiten wollen. Die Organisation innerhalb eines LD erlaubt die autonome Synchronisierung und Replikation in gewissen zeitlichen Abständen. Da die LD diese Logik selbst in sich tragen, kann sie auch auf jedem LD-fähigen, d. h. mit Ausführungsumgebung ausgestatteten Gerät, ausgeführt werden ohne dass dort spezielle Software für diese Aufgabe installiert werden muss.

5.4.2 Ein Baukasten für Mobile Anwendungen

In [Ter03] stellt Terfloth ein auf *Okeanos* basierendes Mobile-Agenten-System vor, das sich für die Verwendung auf tragbaren Geräten eignet. Die im Rahmen dieser Dissertation entstandene Diplomarbeit behandelt die Erweiterung von *Okeanos*, um das Agentensystem auf Plattformen mit J2ME (Java 2 Micro Edition, heutiger Name Java ME) [Top02] lauffähig zu machen. Dabei sind verschiedene Eigenheiten von Java, der Geräteplattform und auch der Behandlung von Netzwerkverbindungen zu beachten. Im Folgenden werden zuerst die notwendigen Erweiterungen dargestellt und anschließend eine exemplarische Anwendung vorgestellt.

5.4.2.1 Java Mobile Edition

Die *Java Mobile Edition (JavaME)* ist wie in Abb. 5.4 in die Java Familie integriert. Die *Connected Limited Device Configuration (CLDC)* [Top02] ist für diesen Verwendungszweck nicht geeignet, da sie weder dynamisches Classloading, noch Java Reflection zur Verfügung stellt. Letzteres muss für Objektserialisierung und Java RMI – beides notwendig für *Okeanos* – vorhanden sein.

Die mächtigere *Connected Device Configuration (CDC)* [Top02] bietet zusammen mit den entsprechenden Profilen und optionalen Paketen eine der Java Standard Edition gleichwertige Umgebung. Die Implementierung des Agentensystems beruht auf der JeodeRuntime der Firma Insignia[6]. Als Entwicklungsplattform wurde ein Compaq IPAQ H5450 gewählt, der damals

---

[6] inzwischen aufgekauft von Esmertec, Schweiz

5.4 Unterstützung der physischen Mobilität

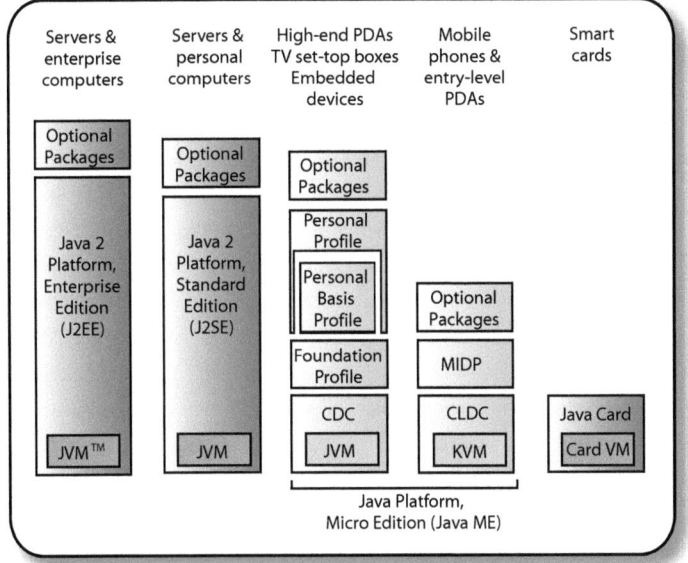

Abbildung 5.4: Überblick über die Einordnung der verschiedenen Java Editionen (angepasst nach:
http://java.sun.com/javame/technology/index.jsp (abgerufen am 25.06.2008))

zu den High-End PDAs gehörte. Er ist mit einem 400 MHz Xscale Prozessor und 64 MB RAM ausgestattet. Außerdem verfügt er über WLAN und Bluetooth Konnektivität. Die damit bereitgestellte Java-Version ist eine erweiterte JDK Version 1.1.8. auf deren Basis *Okeanos* portiert wurde.

5.4.2.2 Physische Mobilität mit WLAN

Innerhalb eines IP-Netzwerkes werden die einzelnen Netzknoten anhand ihrer eindeutigen IP-Adresse identifiziert. Außerdem dient diese Adresse auch dem Routing von Paketen. Falls sich der Zielknoten nicht im selben Subnetz befindet, wird das Paket vom Router entsprechend weitergeleitet. Sowohl die statische, als auch die dynamische Vergabe (DHCP) von IP-Adressen findet Verwendung. Heutzutage wird außer für zentrale Netzwerkgeräte nur noch selten die statische Vergabe von IP-Adressen verwendet, da so nur die Anzahl an IP-Adressen benötigt wird, die der maximal gleichzeitigen Teilnehmerzahl entspricht.

Physisch mobile Geräte werden oft über *WLAN (Wireless Local Area Network)* angebunden. Dies ermöglicht die uneingeschränkte Mobilität ohne an Leitungen gebunden zu sein. Obwohl

WLAN mittels des *Extended Service Set (ESS)* die Vernetzung mehrerer Access Points erlaubt, gibt es innerhalb des Protokolls keine Standardisierung für ein Handover über Subnetzgrenzen hinweg. Eine bestehende Verbindung kann nicht auf eine neue IP-Adresse umgeschaltet werden.

Das Problem des Netzwerkwechsels für mobile Geräte entsteht aus der Verwendung der IP-Adresse, um einerseits die Zugehörigkeit zu einem Subnetz zu beschreiben und andererseits ein Netzwerkgerät eindeutig zu identifizieren. Ein Gerät muss also beim Netzwechsel seine eindeutige Identität aufgeben und kann sie nicht in das andere Subnetz mitnehmen.

Mit dem DynDNS (Dynamischer Domain Name Service) können die DNS-Einträge von Geräten laufend aktualisiert werden, sobald sie eine neue IP-Adresse zugewiesen bekommen. Somit ist ein Endgerät immer unter demselben DNS-Namen zu finden. Aber auch hierbei können bestehende Verbindungen nicht mitgenommen werden. Noch offene Verbindungen brechen mit einem Timeout ab. Auch die neue IP-Adresse ist erst nach einer gewissen Zeit von ca. 60 Sekunden wieder erreichbar, wenn das DNS aktualisiert wurde.

Mobile-IP (RFC3344) ist ein Standard der *IETF (Internet Engineering Task Force)*, um die Mobilität von Netzwerkgeräten mit gleichzeitig eindeutiger Erreichbarkeit zu gewährleisten. Dazu erhält das mobile Gerät eine statische sog. *Home-Address* und eine variable sog. *Care-Of-Address*. Bewegt sich das mobile Gerät nun in ein neues Subnetz, so bekommt es dort z. B. mittels DHCP eine neue Care-Of-Address dynamisch zugewiesen. Diese IP-Adresse meldet es seinem *Home-Agent*[7], einem speziell für Mobile-IP-Forwarding eingerichteten Rechner. Datenpakete, die an die statische IP-Adresse gesendet werden übermittelt der Home-Agent an die registrierte Care-Of-Address.

Ein Problem bei Mobile-IP ist das Routing der IP-Pakete vom Home-Agent zur Care-Of-Address. Der Home-Agent kennt die Adresse, muss aber die IP-Pakete verpacken, um sie dann an das mobile Gerät zu senden. Dabei wird oft *IP Encapsulation within IP* (RFC 2003) verwendet, da die Headerinformation eines IP-Paketes nicht einfach geändert werden darf, um ein neues Ziel anzugeben. Dabei wird ein IP-Paket als Nutzlast innerhalb eines IP-Paketes transportiert, was das Datenvolumen erhöht. Außerdem wird die Latenzzeit deutlich erhöht, da die Pakete eingepackt werden müssen und oft nicht die kürzeste bzw. schnellste Route nehmen. Im Extremfall kann es sein, dass sich Absender und Empfänger im selben Subnetz befinden, aber, da der Home-Agent weit entfernt sitzt, die Kommunikation trotzdem langsam abläuft. Für Mobile Agenten verschwindet somit der Vorteil der schnellen, lokalen Kommunikation und die oft geringe Bandbreite wird zusätzlich verkleinert.

Ein zweites Problem stellt die mangelnde Unterstützung für Mobile-IP dar. Um ein möglichst transparentes Roaming zu erlauben, müssen alle verwendeten Netze Mobile-IP unterstützen. Entweder benötigt man explizit in jedem Subnetz einen Foreign-Agent, der die Kommunikation

---

7 *Home-Agent* ist ein Begriff aus dem RFC 3344 und hat nichts mit den hier betrachteten Agenten zu tun.

5.4 Unterstützung der physischen Mobilität

zu den Home-Agents aufrechterhält, oder die Verwendung von Firewalls muss soweit eingeschränkt sein, dass die Verbindung zwischen Home-Agent und mobilem Gerät nicht behindert wird. Daraus ergibt sich, dass es nur in nicht-abgeschotteten Netzwerken freies Roaming ohne explizite Unterstützung geben kann. Meistens wird ein Netzzugang aber nicht mit dem erforderlichen Freiheitsgrad zur Verfügung gestellt.

Die von Terfloth vorgeschlagene Lösung sieht die Verschiebung der Mobilität von der IP-Ebene auf die Ebene 6 des ISO/OSI-Schichtenmodells [Zim80], also auf die Darstellungs- oder Middleware-Ebene vor. Mit Hilfe von Mobilen Agenten als Middleware können die Anforderungen an ein flexibles, dynamisches Routing gelöst werden.

5.4.2.3 Routing

Die Aufgabe zum Routing von Mobilen Agenten für mobile Geräte ist eine Untermenge der Anforderungen an logische Mobilität. Bei logischer Mobilität von Software migriert der ausführbare Code zusammen mit seinem Zustand, bei der physischen Mobilität kann sich das Ziel der Reiseroute bzgl. der IP-Adresse während der Migration ändern. Dies kann aber auch bei logischer Mobilität vorkommen, wenn z. B. der Zielort nicht mehr verfügbar ist oder das Dienstangebot sich dort zwischenzeitlich geändert hat.

Zur Lösung der Routingaufgabe für Mobile Agenten führt Terfloth neue Klassen von *Okeanos-Lounges* ein. Neben den normalen Agentenorten gibt es zusätzlich sog. *Gateway Lounges* und *Mobile Lounges*. Letztere sind die Lounges auf den mobilen Geräten und erstere das statische Gegenstück zu denen sich die Mobile Lounges verbinden können. Das klassische *Okeanos*-Framework sieht eine Punkt-zu-Punkt Vernetzung aller Lounges vor, d. h., jede Lounge kann jede andere direkt erreichen. Mit der Erweiterung für mobile Geräte wird diese Annahme aufgegeben. Mobile Lounges können sich nur zu Gateway Lounges verbinden und Agenten müssen daher bei der Migration mehrere Sprünge[8] vollziehen.

Für das Routing auf Ebene 3 des ISO/OSI-Schichtenmodells, d. h., die IP-Schicht im Internet, werden Routing- bzw. Forwardingtabellen benutzt, in denen gespeichert wird, welcher Pfad bzw. welcher nächste Hop am günstigsten ist. Dazu dienen im Internet Protokolle wie z. B. *Open Shortest Path First* (OSPF – RFC 2328). Dabei werden Routing-Informationen den Nachbarknoten zusammen mit einer bestimmten Metrik mitgeteilt. Daraus wählt ein Knoten die bzgl. der Metrik günstigste Route aus. Auch bei *Okeanos* muss diese Information gespeichert und verbreitet werden. Dazu halten die Gateway Lounges Tabellen vor, über welches Gateway eine Mobile Lounge verfügbar ist. Diese Information wird in drei Fällen aufgefrischt:

1. Eine Mobile Lounge meldet sich bei einer Gateway Lounge an.
2. Eine Mobile Lounge meldet sich bei einer Gateway Lounge ab.

---
[8] sog. *Hops*, daher auch *multi-hop*. Ein Hop ist eine Kante auf der Topologie des Netzwerks vom Start zum Ziel bzgl. des aktuellen Routings.

3. Eine Mobile Lounge meldet sich bei einer anderen Gateway Lounge und hat sich bei der ursprünglichen nicht abgemeldet.

In diesen Fällen werden Updateragenten gestartet, die die Routingtabellen der anderen Lounges aktualisieren. Dieses Protokoll ist relativ einfach konzipiert und skaliert nicht in großen Systemen. Durch die Kapselung des Protokolls in einer Agentenklasse lassen sich aber auch leicht andere Methoden implementieren.

Das Konzept der Gateways unterstützt nicht nur Mobile Lounges sondern eröffnet auch die Möglichkeit des Routings z. B. über Firewallgrenzen hinweg. Des Weiteren können Gateways die Topologie eines vollständig vermaschten Netzwerks bzgl. der zugrunde liegenden Infrastruktur künstlich einschränken. Dies kann aus unterschiedlichen Gründen sinnvoll sein, beispielsweise aus Sicherheits-, Performance- oder Skalierungsgründen.

5.4.2.4 Verbindungsunterbrechungen und IP-Wechsel

Wenn das mobile Gerät in ein TCP/IP Netz eintritt, bekommt es eine eigene IP-Adresse zugewiesen. Anschließend kann sich die Mobile Lounge an einer Gateway Lounge anmelden. Dazu sendet sie einen Multicast in das Subnetz. Die vorhandenen Gateway Lounges antworten auf den Multicast, die Mobile Lounge wählt eine von ihnen aus und stellt die Verbindung her. Die Mobile Lounge repliziert dabei das Dienstverzeichnis der Gateway Lounge. Falls die Verbindung abreißt, haben die Agenten auf dem mobilen Gerät trotzdem noch einen Schnappschuss des Agentensystems des letzten Zeitpunkts als eine Verbindung bestand. Wird die Verbindung zur selben Gateway Lounge wieder aufgenommen, bleibt dies für das restliche System transparent. Die Mobile Lounge aktualisiert ihr lokales Verzeichnis erneut und Agenten können wieder migrieren. Falls sie sich zu einer anderen Gateway Lounge konnektiert, müssen die Routinginformationen aktualisiert werden (vgl. Kap. 5.4.2.3).

Agenten benötigen durch die Erweiterung von *Okeanos* die Möglichkeit, auf temporär nicht verfügbare Lounges zu warten. Dies ist für beide Richtungen der Migration – von und zu der Mobile Lounge – notwendig. Deshalb implementieren sowohl die Mobile Lounge als auch die Gateway Lounge eine sog. *TravelLodge*, in der sie benachrichtigt werden, falls ihr Ziel wieder erreichbar ist. Um die Antwortzeiten von Mobilen Agenten planbar zu halten, können die Agenten eine maximale Wartezeit angeben. Falls entweder das Ziel wieder erreichbar ist oder die Wartezeit abgelaufen ist, wird der Mobile Agent wieder gestartet und muss selbst entscheiden, wie er mit dieser Situation umgehen will.

Mit diesen Erweiterungen des *Okeanos*-Agentensystems ist es möglich auf Middleware- bzw. Anwendungsebene die physische Mobilität zu unterstützen. Im Folgenden wird eine Anwendung des Systems vorgestellt:

5.4.3 Fallstudie: Dokumenten-Recherche über Mobile Devices

In [FTNK04] haben Friedrich et al. das oben beschriebene Agentensystem vorgestellt. Die damit implementierte Beispielanwendung unterstützt Anwender von mobilen Geräten bei der Suche nach Dokumenten in einem Netzwerk, die für sie von Interesse sind. Der Benutzer muss dabei die Dokumente nicht erst lokal laden und dann durchsuchen, sondern kann sie auf entfernten Rechnern durchsuchen lassen. Erst in der Trefferliste muss er entscheiden, ob er ein Dokument laden möchte oder nicht. Annahmen für dieses Szenario sind:

- Die Bandbreite der Verbindung des mobilen Geräts ist begrenzt – durch Kosten und / oder Netzwerkkapazität.
- Die lokalen Ressourcen des mobilen Geräts sind begrenzt (Speicher und CPU).
- Einige Dokumente von Interesse können lokal gar nicht durchsucht werden, da die notwendige Software fehlt.
- Möglicherweise ist nur die Trefferliste und nicht die Dokumente selbst von Interesse.
- Auf dem mobilen Gerät ist nur eine Mobile Lounge notwendig – keine andere Software wird benötigt.

Diese Anwendung wird durch ein Design mit vier anwendungsbezogenen Agentenklassen realisiert. Der Fokus liegt weniger auf einer ausgefeilten Interfacegestaltung als vielmehr auf der technisch korrekten Realisierung. Im Folgenden werden die einzelnen Agenten und ihre Interaktion näher betrachtet:

5.4.3.1 Agentenklassen

Koordinatoragent Der Koordinatoragent übernimmt die Anfrage des Benutzers und initiiert die Suche nach den Dokumenten. Er sammelt auch die Suchergebnisse wieder auf und stellt sie dem Benutzer dar. Für jede Suchanfrage des Benutzers wird ein eigener Koordinator erzeugt. Damit die Anfragen und Ergebnisse nicht über die Verbindung des mobilen Geräts laufen müssen, migriert dieser Agent in eine zufällig gewählte statische Lounge. Von dort aus instruiert er andere Agenten, die Aufgabe zu erledigen. Für jede Lounge, die den Dokumentensuchdienst anbietet, wird ein weiterer Agent der Klasse *SearchBroker* (siehe unten) erzeugt und initiiert. Die möglichen Ziellounges für die Suche findet er anhand von Einträgen im Dienstverzeichnis der lokalen Lounge, indem er die für den SearchBroker notwendigen Dienste anfragt.

Der Koordinator ist als JESS-Agent implementiert. Diese Art der Programmierung bietet sich an, da viele asynchrone Ereignisse verarbeitet werden müssen. Er muss den Zustand der ausgesendeten Agenten für die parallele Verarbeitung koordinieren. Die Fakten des JESS-Systems bilden einen Tupelraum, also einen assoziativen Speicher, der zur Koordination der Anwendung dient. Die Verwendung von Tupelräumen zur Koordination von parallelen und verteilten Prozessen geht zurück auf die Programmiersprache Linda [GCCC85] aus dem Jahr 1985. Auch im Folgenden wurde und wird auf Tupelräume zur Koordination zurückgegriffen. Beispielhaft sei hier das Projekt Lime[9] [PMR99] genannt. Weitere Vorteile der Verwendung von JESS werden im Kapitel 5.4.3.3 beleuchtet.

SearchBroker Agent Der SearchBroker ist ein Mobiler Agent, der nach der Initialisierung durch den Koordinatoragent zur angegebenen Ziellounge migriert und dort mit Hilfe von stationären Serviceagenten die Dokumentensuche beginnt. Auch der SearchBroker ist als JESS-Agent implementiert, was die Kommunikation zwischen ihm und dem Koordinatoragent erleichtert, da sie als Datenteil der KQML-Nachrichten JESS-Fakten austauschen können.

Die folgenden zwei Agenten sind stationäre Serviceagenten, die der SearchBroker Agent benötigt, um die Suche durchführen zu können:

FileSystemSearch Agent Dieser Agent hat die Aufgabe das Dateisystem nach entsprechenden Dateien zu durchsuchen und die Dateiliste zurückzugeben. Dabei kann die Suche Platzhalter beinhalten. Nicht jeder Nutzer möchte alle Verzeichnisse öffentlich machen und daher wird dieser Serviceagent bei seinem Start mit den möglichen Suchpfaden parametriert, die er zur Erfüllung seiner Aufgabe rekursiv traversiert. Jeder Treffer wird als KQML-Nachricht an den anfragenden Agenten zurückgeliefert und schließlich diese Serie mit einer Endmarkierung abgeschlossen.

Der SearchBroker erhält eine Reihe von Nachrichten mit passenden Dateien, die er von dem anderen Serviceagenten durchsuchen lassen kann. Da er nicht auf das Ende der Dateisuche warten muss, kann er beim ersten Treffer diesen sofort weitergeben. Während die Dateisuche noch läuft, kann bereits der nächste Verarbeitungsschritt gestartet werden. Dies entspricht dem Entwurfsmuster *pipes and filters* [BMR+96]. Die Programmierung des SearchBrokers wird durch die Verwendung von JESS vereinfacht, da er leicht auf Ereignisse, d. h. auf eintreffende Fakten, reagieren kann.

WordProxy Agent Um tatsächlich eine Textsuche in Word durchführen zu können, muss es einen Dienst geben, der diese Aufgabe erfüllt. Dieser Agent baut mit Hilfe von JCOM[10], einer Java-COM-Bridge, die Verbindung zu Microsoft Word auf. Dabei wird das MS-Word COM-Objekt verwendet und darauf die entsprechende Aktion zur Volltextsuche gestartet. Die dafür notwendige Middlewarekomponente wurde mit Hilfe des von Nusser und Schimkat entwickelten Rapid Application Development Framework [NS01] erzeugt. Der WordProxy Agent übernimmt dabei vor allem die Mediation der COM-Objekte in die Agentenwelt. Anfragen nimmt er in KQML entgegen und führt als COM-Client die Anfrage durch. Als Antwort liefert er nur zurück, ob ein Treffer vorhanden ist oder nicht.

---

[9] http://lime.sourceforge.net (abgerufen am 25.06.2008)
[10] http://sourceforge.net/projects/jcom/ (abgerufen am 25.06.2008)

5.4 Unterstützung der physischen Mobilität

5.4.3.2 Kooperation

Die Agenten können ihre Aufgabe nur durch Kooperation erreichen. Die Kommunikationswege zwischen den Agenten sind einerseits der direkte Nachrichtenaustausch und andererseits die Synchronisierung über das Dienstverzeichnis von *Okeanos*.

Die beiden stationären Dienste in Agentenform – FileSystemSearch und WordProxy – haben keinerlei Interaktion und müssen auch nicht zwangsweise zusammen lokal existieren. Der SearchBroker Agent sucht allerdings nur Lounges auf, an denen beide Dienste vorkommen. Er kooperiert mit beiden Agenten und daher ergibt sich auch eine indirekte Abhängigkeit zwischen den stationären Agenten zur Ausführungszeit.

Nachdem die SearchBroker Agenten ihre Ergebnisse beim Koordinatoragent abgeliefert haben, versucht dieser zu seiner Ursprungslounge zu migrieren. Falls momentan keine Verbindung besteht, wartet der Agent so lange in der TravelLodge. Schließlich präsentiert er dem Benutzer die Ergebnisse, eine Liste mit den Word-Dokumenten, die die Begriffe der Suchanfrage enthalten.

5.4.3.3 Ausblick

Durch die Verwendung von JESS ergeben sich in der Programmierung und Steuerung von Agenten neue Möglichkeiten: Agenten können nicht nur Fakten, sondern auch Regeln austauschen. Das führt dazu, dass sie nicht nur um den Zustand der Umwelt kennen, sondern auch neue Wege damit umzugehen lernen können. Beispielsweise könnte der SearchBroker Agent lernen, dass er auch auf Lounges, die keinen WordProxy haben, Dokumente sucht und zu einer anderen Lounge, die WordProxies anbietet, mitnimmt.

Dies Erweiterung der Fertigkeiten könnte über entsprechende Agenten mit Regelrepositories ablaufen. Der lernwillige Agent kann dort entsprechende Regeln für seine Aufgaben erhalten. Für Ausführungsregeln müsste dann eine Ontologie bestehen, damit Anfragen und Regeln auch semantisch korrekt assoziiert werden können.

Durch die Aufnahme neuer Regeln können auch bereits vorhandene Regeln in ihrer Funktion verändert werden, entweder durch Überschreibung oder durch früheres Feuern der neuen Regel auf dasselbe Muster. Der Charme der schlanken Agenten und der schlanken Agentenprogrammierung geht verloren, wenn immer mehr Regeln angehäuft werden. Daher ist eine Strategie zur Löschung von JESS-Regeln notwendig.

Falls in dem Agentensystem zwar Lounges und MS-Word installiert sind, aber keine WordProxy und FileSystemSearch Agenten verfügbar sind, können diese durchaus auch bei Bedarf installiert werden. In [FNK02] beschreibt der Autor u. a. wie Agenten automatisch durch andere Agenten installiert und initialisiert werden können. Auch notwendige, dynamisch ladbare Bibliotheken (z. B. DLLs unter MS-Windows) können durch Mobile Agenten installiert werden. Voraussetzung für beides ist die Gewährung von entsprechenden Rechten durch die Lounges (vgl. Kap. 5.9).

Die JESS-Regeln bilden einerseits eine *Domain Specific Language (DSL)* [SVE07], indem sie bzgl. ihrer Fakten und Funktionen eng auf ihre Domäne beschränkt sind. Andererseits ist JESS ein System, dass nicht domänenspezifisch ist. Die JESS-Regeln sind eine sog. *General Purpose Language* und damit das Gegenteil einer DSL. Durch die Einschränkung des Agenten auf eine bestimmte Aufgabe und die damit verbundene eingeschränkte, aufgabenbezogene, d. h. domänenspezifische Informationsaufnahme, sind auch nur spezifische Regeln sinnvoll. Insofern geht der Autor davon aus, dass es sich bei den JESS-Regeln für Mobile Agenten um DSLs handelt.

5.4.4 Charakteristika

Die Unterstützung von physischer Mobilität erfordert von den Mobilen Agenten verschiedene Fähigkeiten. Sie müssen sich auf unterbrochene Verbindungen einstellen. Zusätzlich haben sie oft nur geringe Ressourcen zur Verfügung und müssen damit rechnen, unvorbereitet auf eine neue Umwelt reagieren zu müssen. Ihr Hauptaugenmerk liegt auf der logischen Mobilität, die ihrerseits die physische Mobilität einschließt. Um ihre Aufgaben erledigen zu können, sind die Mobilen Agenten hochgradig kooperativ und verteilt. Die vorgestellte Fallstudie zeigt, wie Mobile Agenten die unterschiedlichen Umgebungen optimal ausnutzen können und auch Nutzern mit nur begrenzten Ressourcen mächtige Lösungen anbieten können.

5.5 Wartung

Die Wartung in hochverteilten Systemen ist eine komplexe Aufgabe. Gleichzeitig nehmen die Wartungskosten einen hohen Anteil am Betrieb von Software ein, was an den marktüblichen Kosten der Wartungsverträge von jährlich 10–30% des Anschaffungspreises abzulesen ist. Der zugehörige Standard *IEEE 14764-2006* [IEE06] beschreibt sechs Bereiche der Softwarewartung:

1. Die Implementierung des Softwarewartungsprozesses: Die Beschreibung der notwendigen Vorkehrungen, um Softwarewartung durchführen zu können.
2. Die Problem- und Modifikationsanalyse: Das Wartungspersonal muss den Fehler bzw. die Situation analysieren, überprüfen und validieren. Anschließend muss eine Lösung gefunden und diese autorisiert werden.
3. Die Durchführung der Änderung: Änderungen müssen programmiert, ausgeliefert und installiert werden.
4. Die Überprüfung der Änderung am laufenden System: Der Auftraggeber des Änderungswunsches muss überprüfen, ob die Lösung seiner Vorstellung entspricht.

5.5 Wartung

5. Die Migration auf andere Plattformen: Dies ist eine außerordentliche Aufgabe und betrifft nicht den laufenden Betrieb.
6. Das Ende der Systemlaufzeit: Der Prozess, wie das Ende der Laufzeit einer Software gestaltet ist.

Die Punkte 1, 5 und 6 kommen nicht im täglichen Betrieb vor. Sie sind nur zu besonderen Zeitpunkten notwendig. Nur die Analyse, Implementierung und Wirkungsüberprüfung werden im Wartungsalltag durchgeführt. Außerdem müssen diese Arbeiten parallel zum laufenden Betrieb durchgeführt werden. An die Wartungsarbeiten werden hohe Qualitätsanforderungen gestellt. Die Änderungen müssen möglichst schnell bereitgestellt werden und gleichzeitig den laufenden Betrieb nicht beeinträchtigen. Schließlich soll die Änderung auch eine Erfüllung der entsprechenden Anforderungen darstellen.

Um dieses Ziel zu erreichen, werden oft parallel zum operativen System Entwicklungs- oder Testsysteme eingesetzt, auf denen geänderte Software zuerst ausprobiert werden kann. Außerdem ist ein hochverfügbares Wartungsteam in der Regel erforderlich. Die Wartungskosten setzen sich aus den Bestandteilen Hard- und Software für das Testsystem, den Kosten für das Wartungsteam und den Kosten für das Management des Gesamtprozesses zusammen. Zusätzlich fallen bei Ausfall oder Fehlern Kosten durch mangelnde Verfügbarkeit des Systems an.

Wartung teilt sich nach *IEEE 14764-2006* in folgende 4 Schritte auf:

- Entdeckung und Analyse,
- Änderung der Software,
- Installation der Änderung und
- Überprüfung der Änderung im Zielsystem.

Die Analyse und Änderung der Software kann nur bedingt automatisiert werden. Die Entdeckung, die Schlussprüfung und die Installation können mit Hilfe von Agenten automatisiert werden. Für die ersten beiden Punkte ist die Überwachung des Systems erforderlich, die in den folgenden Kapiteln beschrieben wird. Anschließend wird die Installation von geänderter Software betrachtet.

5.5.1 Monitoring

Die Überwachung verteilter Systeme ist eine komplexe Aufgabe. Verschiedene Hostsysteme führen eine Vielzahl von Prozessen aus, die miteinander lose gekoppelt sind. Dabei ist es schwierig, zu einem bestimmten Zeitpunkt einen Schnappschuss des Gesamtsystems zu erhalten, da dieser die Zustände aller Prozesse und deren Interaktionen enthalten muss (vgl. Kap. 3.5). Aus Performancegründen ist dies allerdings oft nicht möglich.

Ein weiteres Problem ist die Festlegung der aktuellen Zeit in einem verteilten System. Man geht weitgehend nur noch von logischer Zeit aus, da die physikalische Zeitmessung nur schwer auf allen zugehörigen Systemen zu synchronisieren ist. Chandy und Lamport haben 1985 den nach ihnen benannten Algorithmus veröffentlicht [CL85], der einen globalen Schnappschuss erzeugt. Allerdings handelt es sich dabei eher um ein theoretisches Konstrukt als einen in der Praxis anwendbaren Algorithmus. Allein die Vorbedingungen wie z. B. fehlerfreie Kommunikation schließen den praktischen Einsatz aus.

Mit Hilfe eines globalen Schnappschusses ist es möglich einen konsistenten Systemzustand abzubilden. Oft kann man aus einem Schnappschuss aber nicht erkennen, warum ein Fehler aufgetreten ist. Dazu ist vielmehr ein Verlauf der letzten Aktionen und Nachrichten notwendig. Man könnte dazu übergehen sehr häufig globale Schnappschüsse zu machen, was sich aber wegen der hohen Kosten verbietet.

Ein Lösungsweg ergibt sich über Mobile Agenten. In [FNK02] beschreiben Friedrich et al. die Möglichkeit der Wartung von verteilten Systemen mit Hilfe von Mobilen Agenten. Dabei werden stationäre Serviceagenten als Mediatoren von externen Systemen in der Agentenwelt verwendet. Die Autoren zeigen dies anhand von Schnittstellen zur Microsoft Windows Registrierungsdatenbank und zu einem *CAN-Bus-Interface (Controller Area Network)* [Ets01], an das mehrere CAN-Geräte angeschlossen sind.

5.5.1.1 Windows Registrierungsdatenbank

Die Windows Registrierungsdatenbank ist die zentrale, hierarchisch organisierte Konfigurationsdatenbank in den Windows-basierten Betriebssystemen wie z. B. *Windows XP*. In ihr werden Einstellungen des Betriebssystems und der Anwendungsprogramme abgelegt. Änderungen in dieser Datenbank können dazu führen, dass das PC-System nicht mehr stabil funktioniert. Aus diesem Grunde ist es für einen Administrator interessant, auf Änderungen an bestimmten Bereichen der Registrierungsdatenbank aufmerksam gemacht zu werden. In der beschriebenen Anwendung verbindet sich ein statischer Agent zu dieser Datenbank und abonniert Änderungsnachrichten. Er verwendet dazu eine JNI-Bibliothek. Andere Agenten können nun die Registrierungsdatenbank lesen und schreiben. Damit sind beispielsweise folgende Aktionen möglich:

- Alle Benutzer sollen einen einheitlichen Eintrag in einem bestimmten Registrierungsschlüssel erhalten. Z. B. wird dadurch die automatische Pfadvervollständigung in der Windows Konsole eingeschaltet.
- Es werden mobile Agenten ausgesandt, die überprüfen, welche Software wo installiert ist, um die korrekte Lizenzvergabe zu gewährleisten.
- Änderungsversuche an der Registrierungsdatenbank durch den Benutzer werden dem Administrator mit Hilfe von Mobilen Agenten gemeldet.

5.5.1.2 CAN-Geräte

Der CAN-Bus ist ein Feldbus, der vor allem in der Automobilindustrie Verwendung findet. Er wurde von der Firma Bosch entworfen und dient der Vernetzung von Steuergeräten. Es sind bis zu 128 Geräte an einen CAN-Bus anschließbar. Der Ausfall eines Gerätes stört die Kommunikation der anderen Geräte nicht. Es wird normalerweise ein linearer Bus verwendet. Um die Brücke zwischen Agentensystem und CAN-Bus zu schlagen, wurde ein Tiny Internet Interface (TINI)[11] Gerät eingesetzt. Es verfügt sowohl über eine Ethernet- als auch über ein CAN-Bus-Schnittstelle. Außerdem sind weitere I/O-Systeme vorhanden (vgl. Abb. 5.5). Das

Abbildung 5.5: Eine DSTINIs400 Platine mit einer aufgesteckten Speicherkarte. Dies ist ein kompletter Embedded Controller mit Ethernetanschluss und Datenanschlüssen. (Abb. aus [Max04])

TINI-Gerät kann Java Applikationen mit Hilfe des eigenen Software Development Kits (SDK) ausführen. Wie bei der Jeode JVM (vgl. Kap. 5.4.2.1) unterstützt das TINI-Gerät Java in der Version 1.1.8. Daher sind die Anpassungen für den Betrieb auf dem Pocket PC auch hier anwendbar.

Auf dem TINI wird eine Lounge ausgeführt, auf der sich stationäre Agenten einrichten können, um die Steuerung der an den CAN-Bus angeschlossenen Geräte für andere Agenten zu ermöglichen. Diese Agenten verwenden die Java CAN API [BN00]. Die API unterstützt sowohl objektorientierte Kommunikationsobjekte der OSI Schicht 7 [Zim80] als auch Kommunikation auf Ebene 2, der Sicherungsschicht.

---
[11] http://www.maxim-ic.com/products/microcontrollers/tini/
(abgerufen am 25.06.2008)

Die CAN-Geräte werden in dieser Anwendung über CANopen [CAN05], also auf einer relativ hohen Abstraktionsebene, gesteuert. Dies erleichtert den anderen Agenten Überwachungsaufgaben zu übernehmen. CANopen ist ein objekt-orientierter Ansatz, um Standardgeräte zu definieren, die als Menge von Objekten über den CAN-Bus angesprochen werden können. Die CAN-Geräte sind meist sehr spezialisiert und verfügen nur über knappe Ressourcen. Daher ist es nicht möglich, die Lounge auf den CAN-Geräten selbst zu implementieren.

Der Zugriff auf den CAN-Bus und die daran angeschlossenen Geräte ermöglichen es Mobilen Agenten vielfältige Aufgaben zu übernehmen. Dies können Überwachungsaufgaben sein, die Kontrolle von Geräteeinstellungen oder auch die aktive Steuerung von Geräten. Dabei kommt den Agenten wiederum zu Gute, dass sie lokal viel schneller mit den Geräten kommunizieren können als mit einer entfernten Verbindung. Auch ein kompletter Zusammenbruch der IP-Verbindung zum TINI-System ist nicht fatal.

5.5.1.3 Gemeinsamkeiten

Beide Ansätze, die Wartung der Windows Registrierungsdatenbank und diejenige von CAN-Geräten, profitieren von denselben Vorteilen eines Einsatzes von Mobilen Agenten. Wie im Kap. 5.9 beschrieben, ist es möglich, die Schnittstelle zum CAN-Bus bzw. zur Registrierungsdatenbank nach Bedarf automatisch generieren zu lassen. Die notwendigen Bestandteile der stationären Agenten können über den Migrationsweg installiert werden. Auch Softwareupdates bzgl. der Schnittstellen können durch Mobile Agenten ausgeliefert werden.

Die daraufhin durchgeführten Überwachungsaufgaben können vielfältig sein und sind nur durch die Funktionalität der Schnittstelle begrenzt. Es können auch mehrere Mobile Agenten gleichzeitig auf die Schnittstelle zugreifen.

Dies ist allerdings immer nur eine lokale Sicht auf einen Knoten eines verteilten Systems. In diesem Sinne ist die Wartungsaufgabe zunächst eingeschränkt, da sie nicht die globale Sicht auf das System hat. Durch die Mobilität der in Agenten gekapselten Wartungsaufgaben besteht die Möglichkeit des Austauschs von Informationen bzgl. des Gesamtsystems. Meistens wird keine vollständige Sicht benötigt, sondern nur einzelne Teile des Gesamtsystems sind lokal von Interesse. Die Agenten können diese autonom bestimmen und in Kooperation mit anderen Agenten zusammenstellen.

Durch die Verteilung der Agenten werden Netzwerkressourcen auf lange Sicht nicht so stark belastet und der Wartungsaspekt skaliert deutlich besser als mit einer zentralen Wartungsanwendung. Außerdem bedeutet das auch, dass sich die Last bzw. der Ressourcenverbrauch für die Wartungsaufgaben auf alle überwachten Knoten verteilt.

5.5 Wartung

5.5.2 Instandsetzende Wartung

Neben Überwachungsaufgaben können Agenten auch die instand setzende Wartung (engl. *corrective maintenance*) übernehmen. Dies bedeutet, dass sie Fehler, die im laufenden System entdeckt wurden, beheben können, indem sie Softwareupdates und / oder Konfigurationsänderungen bereitstellen.

Dabei ist meist die Problematik des laufenden Betriebs des verteilten Systems gegeben. Der Agent, der die Änderung implementiert, muss innerhalb des lokalen Knotens entscheiden können, wann die Software ausgetauscht werden kann, damit das Gesamtsystem möglichst wenig belastet ist. Es kann außerdem sein, dass diese Änderung an mehreren Stellen gleichzeitig verfügbar sein muss. Die verschiedenen Agenten mit derselben Aufgabe müssen sich nun über Knotengrenzen hinweg synchronisieren. Die Agenten müssen daher einen Drei-Phasen-Commit Algorithmus [SS83] implementieren, um sicherstellen zu können, dass immer nur alle Änderungen oder keine festgeschrieben werden.

In einer aus Agenten bestehenden Anwendung gestaltet sich der Austausch einer Komponente, in diesem Fall eines Agenten, besonders einfach. Der neue Agent meldet denselben Dienst an wie der Agent, den er ersetzen soll. Dann fordert die neue Version die alte auf, sich zu beenden. Dieser Vorgang kann auf einfache Weise transparent für das Gesamtsystem implementiert werden.

5.5.3 Vorbeugende Wartung

Die vorbeugende Wartung (engl. *preventive maintenance*) ist die Suche nach Anzeichen für ein bevorstehendes Fehlverhalten oder den Ausfall eines Systems. In mechanischen Systemen wird dies z. B. über die Laufzeit ermittelt und in bestimmten Intervallen werden Verschleißteile ausgetauscht. Im Bereich der Software gestaltet sich diese Art von Wartung schwieriger, da es keinen Verschleiß gibt.

Es werden daher oft Rahmenbedingungen geprüft wie z. B. der Speicherverbrauch oder die Auslastung anderer Ressourcen. Bei Kenntnis der harten Grenzwerte können auch Sicherheitsgrenzen eingerichtet werden, bei deren Überschreitung Maßnahmen zur Aufrechterhaltung des Betriebs getroffen werden. Z. B. könnte bei Überschreitung der Grenze von 90% der max. Anzahl von Prozessen dafür gesorgt werden, dass Benutzeranfragen teilweise abgewiesen oder zurückgehalten werden.

Automatische Wartungsmaßnahmen ohne Kenntnisse der Rahmenbedingungen sind sehr kritisch zu bewerten, da der Eintritt und die getroffene Entscheidung nur sehr unvollständig vorhersehbar sind.

5.5.4 Versionierung und Evolution

Viele Softwaresysteme sind ständigen Änderungen unterworfen, da sich mit der Zeit Anforderungen und Ausführungsbedingungen ändern. Dies gilt nicht nur für Informationssysteme oder Desktopanwendungen, bei denen es üblicherweise häufige Versionszyklen gibt.

Meistens sind auch einzelne Module versioniert und die Zusammenstellung von bestimmten Versionen der Module ergibt eine Hauptversion, ein sog. Release (vgl. Abb 5.6).

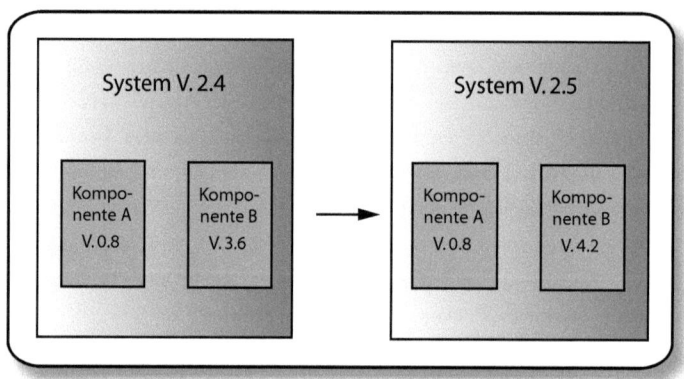

Abbildung 5.6: Die Version des Gesamtsystems ergibt sich aus der Kombination der Komponentenversionen.

Im Sinne einer *Service Orientierten Architektur (SOA)* [SN96] ist es notwendig, dass die Dienste in verschiedenen Versionen zur Verfügung stehen müssen, da manche Klienten bereits erneuert wurden und andere nicht. Unter der Annahme, dass die Instanzen der Services hochverteilt sind, ergibt sich wiederum das Installations- und spezifische Wartungsproblem. Servicereleases, also Wartungsänderungen auf einer älteren Version, die aber noch genutzt wird, müssen entsprechend verteilt und implementiert werden. Es ergeben sich dadurch dieselben Probleme wie bei der instand setzenden Wartung.

5.5.5 Charakteristika

Der Einsatz von Mobilen Agenten zur Wartung erfordert von diesen einen hohen Grad an Flexibilität. Einerseits müssen sie in einem verteilten System autonom agieren. Andererseits dürfen sie dabei ihr Ziel nicht aus den Augen verlieren und müssen schließlich sogar Wartungsfälle antizipieren. Die Lernfähigkeit von Agenten durch ihre Aufnahme von Umwelteigenschaften an verschiedenen Orten innerhalb eines verteilten Systems ermöglicht neue Lösungen zur Wartung komplexer Systeme.

5.6 Mobile Applikation

Heute werden Anwendungen, die sich auf physisch mobilen Geräten wie Handys und PDAs befinden, meist als mobile Applikation bezeichnet. Die Mobilität bezieht sich hierbei auf den Benutzer der Anwendungen. Es handelt sich also um physische Mobilität. Die hier vorgestellten mobilen Anwendungen beziehen sich auf die logische Mobilität (vgl. Kap. 3.6.4). Im Folgenden wird für mobile Anwendungen folgende Definition festgelegt:

> Eine mobile Applikation ist eine Softwareanwendung deren Teile mobil sein können. Mit Mobilität ist hier die Migration von einem Netzwerkknoten zu einem anderen gemeint.

Im Folgenden werden die unterschiedlichen Kategorien von mobilen Anwendungen erläutert und dabei auch die einzelnen Domänen besprochen.

5.6.1 Code on Demand

COD ist die Bezeichnung von Fugetta und Picco [FPV98] (vgl. Kap. 3.6.4) für Anwendungen, die Teile ihres Programmes dynamisch nachladen. In diese Kategorie fallen heutzutage viele Anwendungen, da es häufig die Möglichkeit zu automatisierten Softwareupdates gibt. Auch Anwendungen mit sog. *Plug-Ins* verfügen oft über die Möglichkeit, die jeweils neueste Version automatisch installieren zu lassen (z. B. Eclipse [GB03]). Auch alle Java-Anwendungen beruhen aufgrund des dynamischen, remotefähigen Classloader-Prinzips auf COD.

Im WWW ist die offensichtlichste Anwendung dieses Prinzips das *Java-Applet*. Dabei werden die Klassen dynamisch von einem Webserver geladen und lokal zur Ausführung gebracht. Je nach Sicherheitskonzept können die Klassen sogar von unterschiedlichen Quellen stammen.

Neben der Verbreitung bei Desktopanwendungen bietet dieses Paradigma auch interessante Aspekte für andere Domänen. Die schon erwähnten Applets sorgen durch dynamisches Laden der Klassen für eine speichereffiziente Ausführung, da nur die gerade benötigten Klassen geladen werden. Der *Garbage Collector*[12] der Java Virtual Machine ist auch in der Lage, nicht mehr benötigte Klassen zu entfernen. Der Hauptspeicher wird dadurch nur minimal belastet. Es gibt bei Applets mehrere Möglichkeiten, die Klassen zur Verfügung zu stellen. Oft wird eine sog. JAR-Datei mit allen notwendigen Klassen erzeugt und diese an den Browser übertragen. Man kann aber auch nur den Klassenpfad auf ein entferntes, über HTTP adressierbares, Verzeichnis setzen und jede Klasse wird dann explizit geladen. Dabei muss man einen Kompromiss zwischen Ausführungszeit und optimalem Speicherverbrauch finden.

---

[12] In der Programmiersprache Java existiert kein Konstrukt, um erzeugte Objekte explizit aus dem Speicher zu entfernen. Der Garbage Collector ist ein Teil der JVM, um nicht mehr referenzierte Objekte asynchron aus dem Speicher zu entfernen.

Auf den heute üblichen Desktop-PCs ist es nicht notwendig, den Speicherverbrauch für Applets gering zu halten. Die Netzwerklatenzzeit ist öfters der limitierender Faktor und daher wird besser eine ganze JAR-Datei geladen. Im Bereich der eingebetteten Systeme ist Speicher aber durchaus eine knappe Ressource. Daher kann es sich dort lohnen, das COD-Paradigma zu verwenden. Es ist damit möglich, Anwendungen auszuführen, die als Ganzes gar nicht auf das Gerät passen würden. Da aber nicht zu jeder Zeit alle Klassen benötigt werden, können die nicht mehr benötigten Klassen vom Garbage Collector entfernt werden.

Code on Demand ist ein inzwischen weit verbreitetes Prinzip, das viele Vorteile bietet. Für diese Art der Software werden nicht notwendigerweise Mobile Agenten benötigt, sie unterstützen dieses Paradigma aber auch.

5.6.2 Mieten von Softwarekomponenten

5.6.2.1 Stand der Technik

In der IT-Branche wird durch sog. *On-Demand-Computing* [Fel03] (vgl. auch *Software as a Service* [BLB+00] und *Cloud Computing* [Hay08]) versucht die Betriebskosten für Hard- und Software zu senken. So gibt es z. B. im Server-Bereich Hardwareanbieter, die zwar einen komplett bestückten Server ausliefern, aber erst nach Bezahlung die entsprechenden Hardwareressourcen frei schalten. Damit kann ohne physikalische Änderung der Hardware ein Serversystem aufgerüstet werden. Entsprechendes gibt es im Bereich der Anwendungsdienstleistungen (engl. *Application Service Provider (ASP)*), bei denen ein Unternehmen seine Software in einem Rechenzentrum betreiben lässt. Dort wird nicht nur die Hardware, sondern auch die Software nach Bedarf skaliert. Beispielsweise ermittelt sich die Lizenzgebühr über die Anzahl der Benutzer des Systems.

Dies führt für das beauftragende Unternehmen zu einer leichteren Kostenkalkulation, da der ASP alle Wartung und Betriebskosten zusammenfasst. Diese Art der Anwendungen sind zumeist als klassische Client-Server-Architekturen realisiert (vgl. Kap. 3.6.4). Dabei beschränkt sich der ASP auf die Bereitstellung von Hard- und Software im ausgegliederten Rechenzentrum. Eine *On-Demand*-Lösung ist bei Software, abgesehen von großen Serverlösungen, meistens nicht vorgesehen.

Gerade im Desktopbereich ist eine dynamische Abrechnung der Softwarelizenzen interessant, da viele Anwender bestimmte Applikationen nur sporadisch nutzen. Die Hersteller haben darauf mit einer sog. Floatinglicense reagiert, d. h. man bezahlt für die maximal mögliche gleichzeitige Nutzung eines Softwarepaketes.

5.6.2.2 Vision

Im Gegensatz zu den vorher vorgestellten Konzepten wird im Folgenden ein komponentenorientierter Ansatz betrachtet, bei dem die Nutzung und Nutzungsdauer der einzelnen Komponente berücksichtigt werden. Für jede Softwarekomponente muss ein Accounting durchgeführt und für die Einhaltung der gegebenen Lizenzbedingungen Sorge getragen werden. Neuere Versionen dürfen nur eingespielt und verwendet werden, falls entsprechende Wartungsverträge existieren.

Ein zentrales Accounting stellt einen sog. *Single-Point-of-Failure* dar. Falls der entsprechende Server ausfällt, können keine neuen Anwendungen gestartet werden und auch das Accounting der bereits laufenden Komponenten ist gefährdet. Des Weiteren findet man mit dieser Lösung nur schwer eine Unterstützung für mobile Anwender. Verteilte Ansätze, die auf Broadcasts basieren, funktionieren nur innerhalb eines Subnetzes und lassen sich leicht aushebeln, teilweise bereits durch die Verwendung der MS-Windows Firewall.

Software besteht oft aus Teilen, die nur selten verwendet werden. Eine nutzungsabhängige Bezahlung wäre daher für die Benutzer wünschenswert. Andererseits werden in manchen Zeiten immer dieselben Komponenten oder Programme benötigt. Es wäre unwirtschaftlich nur für diesen seltenen Fall entsprechende Lizenzen vorzuhalten. Kurz gesagt, mit bisherigen Lizenzmodellen musste man den *worst case* optimieren, wohingegen ein nutzungsabhängiges Modell den *common case* optimiert. Des Weiteren hat letzteres den Vorteil, dass es sich auch für die Softwareentwicklung lohnt, hochspezialisierte Komponenten zu entwickeln, die zwar nur selten genutzt werden, dann aber wichtig sind und damit auch für deren Nutzung entsprechend bezahlt wird.

Als Beispiel sei hier ein spezieller Filter für ein Bildbearbeitungsprogramm genannt, das nur selten in einer Redaktion benötigt wird, bei einer bestimmten Art von Bildvorlagen aber sehr wichtig ist und dann auch von vielen Grafikern benutzt wird. Diese Software in entsprechender Lizenzzahl vorzuhalten und auch zu entwickeln ist mit den bisherigen Modellen unwirtschaftlich.

Eine Lösung ist mit autonomen Komponenten wie beispielsweise Mobilen Agenten realisierbar. Auch das Konzept der Living Documents (vgl. Kap. 5.4.1) passt dazu, da hier die Accountinginformation in dem Metadatenspeicher abgelegt werden kann.

Im Folgenden wird eine Softwarearchitektur vorgestellt, die eine robuste und fein granulare Abrechnung ermöglicht, ohne auf ein Rechenzentrum wie bei einer ASP-Lösung angewiesen zu sein (vgl. Abb. 5.7): Jede Anwendung wird gestartet, indem ein Server kontaktiert wird, der die Agentenlounge auf dem lokalen System zur Ausführung bringt und anschließend die notwendigen Komponenten zum Start der Anwendung zum Klienten transferiert. Die Anwendung präsentiert sich dann dem Benutzer über die entsprechende Benutzerschnittstelle. Bei der Arbeit mit der Anwendung werden die notwendigen Komponenten bei Bedarf vom Server angefordert. Wenn der Benutzer die Anwendung schließt, werden die Komponenten wieder an der Server zurückgegeben, wo sie die aufgezeichneten Abrechnungsinformationen abliefern. Technisch lässt sich das mit dem Java Web Start Konzept[13] umsetzen. Durch diese Technologie kann die Initialladung der Software stattfinden. Dabei wird dann eine *Okeanos*-Lounge installiert und der Benutzerschnittstellenagent installiert, der anschließend die notwendigen Komponenten anfordert. Dabei ist es unerheblich, ob der Server, von dem die Anwendung abgerufen wird, beim Kunden installiert ist oder in der Verantwortung des Herstellers der Software liegt. Es ist mit dieser Architektur auch denkbar, dass die Anwendung aus Komponenten unterschiedlicher Hersteller besteht – vergleichbar mit der Verfügbarkeit von Plugins von Drittanbietern.

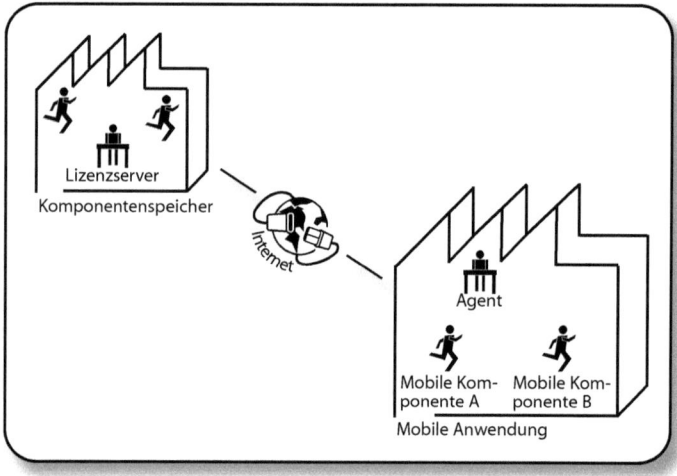

Abbildung 5.7: Architektur für Mietkomponenten

In Abb. 5.7 wird der Anwendungslebenszyklus bzgl. eines Benutzers aufgezeigt. Jede abrechenbare Interaktion mit einer Komponente wird durch sie aufgezeichnet. Wenn sie schließlich wieder zurückgegeben wird, kann der Server die Aktionen auslesen und die Abrechnungsinformationen sammeln. Falls eine Komponente nicht zurückkehrt kann dafür – in Analogie zu einem verlorenen Parkhausticket – ein bestimmter Standardsatz berechnet werden. Die Agenten können in diesem Fall auch nur Aktionen mit maximal diesem Standardsatz ausführen, um Missbrauch zu verhindern.

Die Komponenten besitzen eine maximale Ausführbarkeitsdauer. Wenn dieser Vorrat verbraucht ist, muss die Komponente zurück zum Server migrieren und neu aufgeladen werden. Die Anwendung fordert in der Zwischenzeit eine andere Instanz derselben Komponente an.

---

[13] http://java.com/en/download/faq/java_webstart.xml (abgerufen am 25.06.2008)

Dies erlaubt den Einsatz auch in Umgebungen, in denen nicht immer eine Verbindung zum Server besteht, beispielsweise bei Anwendungen auf mobilen Geräten. Hier wird ein entsprechender Ausführungsvorrat bestellt, damit die Arbeit auch ohne Netzwerkverbindung weiter gehen kann. Ebenso verringert sich das finanzielle Risiko für beide Vertragsparteien, da der Benutzer maximal den verfallenen Vorrat bezahlen muss, falls eine Komponente verloren geht und der Hersteller weiß, dass eine abgekoppelte Komponenten nicht beliebig oft ausgeführt werden kann. Die Kosten sind für den Anwender leicht zu jeder Zeit zu ermitteln und liegen zwischen dem bereits verbuchten Verbrauch und diesem Wert zuzüglich der ausgegebenen Lizenzen. Dabei müssen nicht alle ausgegeben Ausführungslizenzen verbraucht werden, es können aber keine höheren Kosten entstehen.

Es gibt zwar weiterhin eine zentrale Lizenzinstanz, die aber durch den asynchronen Vergabemechanismus nicht immer verfügbar sein muss. Das System ist also, im Gegensatz zu den klassischen Ansätzen, lose gekoppelt. Der Standort des Lizenzservers kann entweder beim Anwenderunternehmen sein oder aber auch beim Softwarehersteller, der ihn über das Internet verfügbar macht. Eine frei zugängliche Quelle erleichtert die mobile Anwendung hinsichtlich ihrer Erreichbarkeit.

Die Komposition einer Anwendung aus Agenten erleichtert die Evolution der Anwendung, da die isolierten Teile leichter ausgetauscht werden können. Sogar im laufenden Betrieb, wenn die Ausführungszeit einer Komponente abgelaufen ist, kann an ihrer Stelle eine neue Version eingesetzt werden. Dabei müssen festgelegte Baubarkeitsregeln beachtet werden, da der Einsatz einer höheren Version einer Komponente ein Upgrade anderer Komponenten nach sich ziehen kann.

Durch dieses Modell können sich auch spezialisierte Erweiterungen für einen kleinen Nutzerkreis einer weit verbreiteten Anwendung lohnen, da die entsprechenden Kosten genau gegengerechnet werden können. Für die Anwender ist damit die Errechnung des Deckungsbeitrages deutlich einfacher.

Nicht zuletzt ist damit ein weiterer Schritt in Richtung Wiederverwendbarkeit von Software gegeben. Das Konzept der *Commercial off-the-shelf (COTS)* könnte so neuen Auftrieb erfahren.

5.6.3 Teilung von Ressourcen

Programmbibliotheken werden verwendet, um sie zwischen verschiedenen Programmen wiederbenutzen zu können. Beim statischen Binden werden die Bibliotheken zum ausführbaren Programm hinzugefügt. Das bedeutet, dass jede Instanz dieses Programms die Bibliothek in den Hauptspeicher lädt und ausführt. Unter Umständen wird Speicherplatz durch vielfach redundante Information verschwendet. Daher wird meistens das Konzept der dynamischen Bibliotheken verwendet. Dabei wird das Code-Segment der Bibliothek zwischen allen Programmen, die diese Bibliothek nutzen, geteilt und außerdem erst zur Laufzeit geladen, wenn die entsprechenden Funktionen benötigt werden. Daher der Name *Dynamic Link Library (DLL)*[14] bzw. *Shared Library*[15]. Bei Verwendung von virtuellem Speicher werden sogar nur die verwendeten Code-Seiten in den physikalischen Speicher geladen, da die Bibliothek nur virtuell in den Speicherbereich eines jeden Prozesses eingeblendet wird.

Man kann das Konzept weiter treiben und die Bibliotheken nicht nur innerhalb eines Betriebssystems, sondern auch über dessen Grenzen hinweg teilen. Dazu werden die dynamischen Bibliotheken in Agentenform angeboten. Diese Dienstagenten suchen sich eine Umgebung, in der sie ihre Aufgaben am besten erledigen können. Dadurch ergibt sich eine globale Wiederverwendung, die sich nicht nur auf ein Computersystem beschränkt, sondern Hardware und Betriebssystemgrenzen überschreitet. Ein neues Problem ist die Lokalisierung von Diensten, in diesem Fall von Bibliotheken. Es ist nicht wirtschaftlich, häufige Programmaufrufe entfernt zu machen oder dafür migrieren zu müssen. Für besondere Fälle kann es sich aber durchaus lohnen:

Beispielsweise könnte ein Grafikrenderagent sich auf Hardwareplattformen, die dafür besonders geeignet sind, verteilen. Die Vorverarbeitung könnte überall stattfinden, aber für das eigentliche Rendering wird durch diese Bibliotheksagenten auf spezielle Renderhardware zurückgegriffen. Anstatt überall spezialisierte Bibliotheken zu instanziieren und nicht vorhandenen Hardware eventuell zu emulieren, kann dies ein Erfolg versprechenderer Ansatz sein.

5.6.4 Agent P2P

Peer-to-Peer (P2P) [SW05] Netzwerke sind heutzutage weit verbreitet und haben durch die Filesharing Netzwerke wie z. B. *Gnutella* einen hohen Bekanntheitsgrad erlangt. Das charakteristische Merkmal für ein P2P-Netzwerk ist die mögliche Verbindung jedes Teilnehmers (*Peer*) mit jedem anderen Teilnehmer. Im Gegensatz dazu verbinden sich die Teilnehmer in Client-Server-Architekturen mit einem zentralen Rechner, der alle Verbindungslast bearbeiten muss. In P2P-Netzwerken stellen die Peers ihre Anfragen direkt an die anderen Peers. Somit gibt es weder einen Single-Point-of-Failure bzgl. des zentralen Rechners noch einen Engpass in der Netzwerkbandbreite. Jeder Client ist auch gleichzeitig Server. Im Internettelefonie P2P-Netzwerk *Skype* würde eine zentrale Gesprächsvermittlung zu enormen Datenaufkommen führen. Die Teilnehmer bauen daher auch eine direkte Verbindungen zueinander auf.

Die P2P-Netze sind sog. Overlay-Netzwerke, da sie auf einem bereits vorhanden Netzwerk (z. B. IP) aufbauen und eigene Routing und Transportfunktionalität bieten. Man kann sie in unterschiedliche Klassen einteilen:

---

[14] unter Windows verbreitet
[15] verbreitete Bezeichnung unter Unix

5.6 Mobile Applikation

Reine P2P-Netze haben keinen zentralen Router oder Server und alle Teilnehmer sind gleichwertig. Das Gnutellaprotokoll ist ein Vertreter dieser Klasse.

Zentrale P2P-Netze oder auch **hybride P2P-Netze** vereinigen zentrale Serverstrukturen mit P2P-Protokollen. Das frühere *Napster* war ein solcher Vertreter, bei dem die Suchanfragen zentral beantwortet wurden, der Dateitransfer aber über ein P2P-Protokoll ablief.

Außerdem unterscheidet man diese Netzwerke über die Art der Suche nach Inhalten:

Unstrukturierte P2P-Netze haben willkürliche Knotenverbindungen und müssen Suchanfragen daher mittels sog. *Flooding*, bei dem jeder Knoten die Anfrage an alle angeschlossenen Knoten weiterreicht, ausführen. Die maximal Anzahl der Knotenbesuche (engl. *Hops*) wird dabei begrenzt. Trotzdem wird in dieser Art von P2P-Netzen viel Bandbreite mit Flooding verbraucht. Außerdem ist nicht gewährleistet, dass eine relativ seltene Ressource auch gefunden wird. Der Vorteil liegt darin, dass das Einfügen und Herausnehmen von Knoten aus dem Verbund einfach ist.

Strukturierte P2P-Netze sind meist so organisiert, dass eine Suchanfrage maximal $log(n)$ Hops benötigt. Dazu werden die Inhalte und Knoten über eine verteilte Hashtabelle geordnet. Die schnelle und vollständige Suche erkauft man sich mit erhöhtem Aufwand beim Einfügen und Entfernen von Knoten, weil dabei die Nachbarschaftsbeziehungen neu geordnet werden müssen.

Es gibt viele verschiedene Ausprägungen von P2P-Overlay-Netzwerken. Mit JXTA [OG02] versucht die Firma SUN Microsystems einen Standard für P2P-Netzwerke zu schaffen. Es handelt sich hier um ein Protokoll und nicht um eine Implementierung. Ein Standard ist dringend geboten, um Synergien zwischen den einzelnen Anwendungen und Domänen zu nutzen. Die meisten P2P-Netze beziehen sich auf die Domäne des Datei- oder Dokumentenaustauschs. Auch Chat oder Telekommunikationsnetzwerke kommen vor. Die meisten P2P-Netze legen sich auf eine Domäne fest. Netzwerke für P2P-Computing sind eher selten und fallen oft in den Bereich des GRID Computing der aber weitere Einschränkungen mit sich bringt. GRID-Computing baut oft auf P2P-Netzwerken auf, bietet jedoch zusätzliche Dienste wie Abrechnungsmöglichkeiten an.

Es gibt Konzepte wie *AntHill* [BMM02], die sich explizit mit Agenten-P2P-Netzwerken beschäftigen. Im Allgemeinen ist der generische Ansatz aber selten vertreten. Viele Mobile-Agenten-Systeme sind im Grunde mindestens auch unstrukturierte P2P-Netzwerke, da sie ein entsprechendes Overlay-Netzwerk implementieren.

5.6.5 Fallstudie: Die Mobile Anwendung – Mobile Agent Organizer

Wenning beschreibt in seiner Diplomarbeit [Wen02] eine Anwendung basierend auf dem *Okeanos*-Agentensystem (vgl. Kap. 4), die das Paradigma der mobilen Applikation aufzeigt. Er nennt die Anwendung *Mobile Agent Organizer (MAO)*. Mit der prototypischen Implementierung werden die folgenden vier unterschiedlichen Anwendungsbereiche abgedeckt:

Informationssuche Ein Agent migriert zu den Daten, anstatt dass die Daten zum Agenten transportiert werden müssen.

Unterstützung wechselnder Verbindungszustände Gerade bei mobilen Geräten kann eine Netzwerkverbindung nicht immer garantiert werden. Hier können Agenten die Anwendung unterstützen.

Dynamische Verwaltung von Softwareinstallationen Software in Agentenform kann leichter ausgetauscht und installiert werden.

Stellvertreteragenten Mobile Agenten migrieren innerhalb eines Netzwerks und treten als persönliche Stellvertreter auf.

Für den MAO existiert ein Agent, der das zentrale Benutzerinterface darstellt. In diesen sog. *UI-Agenten* können verschiedene andere Anwendungen als Module eingeklinkt und dem Benutzer präsentiert werden. Als Module werden einige mögliche Anwendungen präsentiert:

FileMonitor Dieses Modul überwacht eine Datei auf einem entfernten Rechner auf Änderungen.

Finger überwacht den Status einer entfernten Lounge.

Chat Diese Anwendung ist eine vollständige P2P-Chat Implementierung.

Zur entfernten Kommunikation mit der Benutzerschnittstelle wird nicht die Agentenmigration verwendet, da nur Daten transportiert werden sollen. Es werden spezielle Dienstagenten installiert, die eine direkte Kommunikation von Endpunkt zu Endpunkt via Sockets erlauben. Dies entspricht der Philosophie von *Okeanos*, dass Agenten zwar nur lokal miteinander kommunizieren können, bei besonderem Bedarf aber durchaus andere Kommunikationswege implementiert werden können, die allerdings als Agent angesprochen werden müssen.
Die einzelnen Anwendungen sind mobile Anwendungen, da sie sich auf die Mobilität ihrer Komponenten stützen. Als Besonderheit kann sogar die Benutzeroberfläche selbst migrieren und auf einem anderen Rechner ausgeführt werden. Dies kann z. B. sinnvoll sein, wenn ein Administrator von seinem Büro in den Serverraum wechselt und dort seine Anwendung mitnehmen will.

5.6.6 Charakteristika

Mobile Applikationen benötigen einerseits Migrationsmöglichkeiten für den ausführbaren Code und auch für den Zustand der Anwendung. Beides kann einfach in Mobilen Agenten gekapselt werden. Durch ihre Mobilität lässt sich die Anwendung beliebig innerhalb eines Agentensystems verteilen. Dabei macht sie von grundlegenden Diensten Gebrauch, um Schnittstellen zum System und zum Benutzer zu ermöglichen.

5.7 Data Balancing

Ein weiterer Anwendungsbereich für Mobile Agenten ergibt sich aus der immer größeren Fülle an Daten. In den letzten 20 Jahren ist die LAN Vernetzung eines Standard-PCs deutlich langsamer gewachsen als die Festplattenkapazität. In Abb. 5.8 wird dies anschaulich gemacht. Das bedeutet, es dauert immer länger, um die Daten auf Festplatten über das LAN zu kopieren. Dasselbe gilt für das Internet und die dort verfügbare Speicherkapazität. Gerade bei datenintensiven Anwendungen wie z. B. Auswertungen von Experimenten in Teilchenbeschleunigern, Anwendungen der Bioinformatik oder der Astronomie kann die Speicherung gar nicht immer zentral erfolgen. Der Transport der Daten wird, wie oben gezeigt, immer aufwändiger. Es gibt daher schon länger Ansätze mit Hilfe von Mobilen Agenten große digitale Bibliotheken zu durchsuchen [YRG+00]. Der Vorteil ist auch hierbei wieder die autonome Bearbeitung von Aufgaben. Agenten können sich selbstständig klonen und so Aufgaben parallel ausführen ohne dass dies einer zentralen Kontrolle bedarf. Bei der Filterung bzw. Suche in großen Datenbeständen, die verteilt vorliegen kann so ein hoher Grad an Parallelität erreicht werden. In Abstimmung mit der Last und der Verfügbarkeit der Datenknoten kann die Anzahl der Suchagenten bestimmt werden.

5.7.1 Charakteristika

Hauptmerkmal dieser Domäne sind die Mobilität, die durch die Lokalität der Daten zwingend erforderlich ist. Daraus ergibt sich auch die Verteilung einer solchen Anwendung, da die Ausführung dezentral und parallel erfolgt.

5.8 Offline Portal

Portalanwendungen haben im heutigen Internet und den Intranets eine große Bedeutung. Im Gegensatz zu früheren Anwendungslandschaften, die nur durch Hyperlinks verknüpft wurden, stellen Portale eine personalisierte und komprimierte Form der Informationssysteme dar. Dabei werden innerhalb einer Webseite sog. Kacheln definiert, die als eigenständige Anwendungen agieren. An der Oberfläche sind sie durch bestimmte Bereiche, meist mit fensterähnlichen

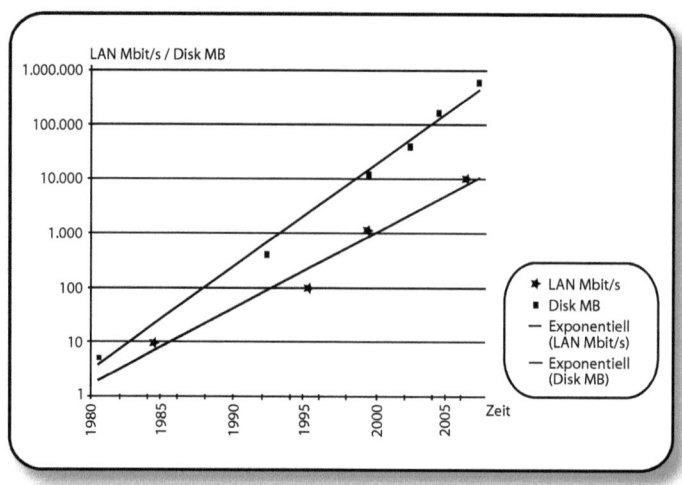

Abbildung 5.8: Wachstum der LAN-Geschwindigkeit und der Festplattenkapazität eines Standard-PCs. Beide wachsen exponentiell, aber durch die logarithmische Skalierung erkennt man, dass die Kapazität der Standardfestplatten deutlich schneller wächst. [Datenquelle: Wikipedia und eigene Beobachtungen des Marktes]

Kontrollfeldern versehen, gekennzeichnet. Diese Bereiche können für jeden Benutzer interaktiv neu angeordnet und konfiguriert werden. Hinter den Kacheln verbergen sich *Portlets* [LM04], Programme, die für das Rendering der Inhalte der Kacheln verantwortlich sind. Portlets sind eine Erweiterung von *Java Servlets* und bedienen sich oft *Java Server Pages (JSP)*, um die HTML-Ausgabe zu erzeugen.

Portale besitzen einige Eigenschaften, die sie sowohl für Benutzer, als auch für Softwareentwickler interessant machen:

Single-Sign-On Für den Benutzer ist nur eine zentrale Anmeldung vorgesehen. Damit authentifiziert er sich gegenüber jedem Portlet. Zum einen ist damit den Portlets diese Aufgabe abgenommen, zum anderen muss der Benutzer sich nur einmal anmelden.

Personalisierte Ansicht Jeder Benutzer hat seine eigene Ansicht. Abgesehen von der Personalisierung, die innerhalb eines Portlets bzgl. seiner Authentifizierung stattfindet, kann er die Anordnung der Kacheln ändern und auch einzelne Kacheln ein- und ausblenden.

Leichte Integration von Diensten Das Portlet-API erlaubt die einfache Anbindung von Web-Services und damit sind vielerlei Anwendungen möglich, die auch Altsysteme integrieren können.

5.8 Offline Portal

Wiederverwendbarkeit Portlets sind in sich abgeschlossene Komponenten, die in beliebigen Portalen wieder verwendet werden können. Als Beispiel sei hier ein Börsenticker- oder ein Wettervorhersageportlet genannt.

Aggregation Informationen aus Datenquellen können transformiert und aggregiert werden, um so die gewünschte Ansicht zu erhalten.

Kommunikation zwischen Portlets In der Portlet-API 2.0 wird es eine standardisierte Inter-Portlet Kommunikation geben (JSR 286). Damit ist es möglich, dass sich diese Komponenten gegenseitig Ereignisnachrichten schicken können.

Da der Inhalt eines Portals basierend auf Servlets immer dynamisch erzeugt wird, kann man es nur im Onlinebetrieb sinnvoll nutzen. Für mobile Geräte gibt es spezielle Anpassungen der Ausgabe (sog. *Rendering Kits*), die die kleineren Displays unterstützen. Trotzdem muss man zur Nutzung eine synchrone Verbindung zum Portal halten.

Die Portlets sind in sich abgeschlossene MVC-Komponenten[16]. Sie haben eine View, die Kachel auf der Webseite, die sie mit HTML füllen, einen Controller, in dem sie auf Benutzereingaben reagieren können und ein Model, das den Zustand entweder innerhalb des Portlets speichert oder auf einen entfernten Dienst zurückgreift. Eine so abgeschlossene Komponente kann auch mittels eines Mobilen Agenten erstellt werden. Der Vorteil ist dann, dass alle notwendige Funktionalität auch auf ein mobiles Gerät migrieren kann. Die Mobilen Agenten können so das Portal dezentral auf dem mobilen Gerät betreiben, natürlich nur so lange sie die entsprechende Datenbasis zwischengespeichert haben. Die Interaktion kann trotzdem stattfinden und im Falle einer Netzwerkverbindung können Inhalte und Anfragen automatisch abgeglichen werden.

Das System ähnelt der Software *AvantGo*, die bekannte Webseiten und Nachrichtenkanäle für PDAs und Smartphones offline verfügbar macht. Allerdings kann AvantGo keine beliebigen Interaktionen, sondern nur festgelegte Formulare verarbeiten.

Mit Mobilen Agenten ist es möglich, ein voll interaktives Offline-Portal zu erstellen. Beispielsweise könnten die Agentenportlets das Nutzungsverhalten aufzeichnen und anhand der ausgewählten Informationen entsprechende Informationen aus dem Internet von anderen Agenten aggregieren lassen. Auch der Austausch der Portlets selbst wäre kein großes Problem, da sie sich auf einfache Weise aus dem Internet installieren lassen. Das Mobile-Agenten-System *Aglets* [LOKK97] enthält ein auf HTTP basierendes Migrationsmodell, das dies unterstützt.

Mit dem Paradigma der Mobilen Agenten lassen sich auch einfache Systeme mit Stellvertretern im Internet entwerfen, die den mobilen Nutzer unterstützen, bestimmte Informationen zu erfassen und auch darauf zu reagieren. Ein Bietagent für Auktionssysteme könnte immer auf dem letzten Stand bzgl. der Gebote und des persönlichen Höchstgebotes bleiben und entsprechend handeln.

---
[16] Model–View–Controller ist ein Entwurfsmuster für Benutzerschnittstellen

5.8.1 Charakteristika

Die Agenten zur Implementierung der Portalfunktionalität handeln in sich autonom. Sie können allerdings auch mit anderen Agenten kooperieren. Die Mobilität spielt keine so große Rolle, da Migration nur zur Installation und der Erneuerung der Komponenten notwendig ist. Allerdings sind diese Art von Agenten häufig lernfähig und zeichnen zumindest teile ihrer Verwendung auf um sich entsprechend an den menschlichen Benutzer anpassen zu können.

5.9 Active Integration

In [Nus05] beschreibt Nusser das MAX-System (*Metadata Architecture based on XML*) zur Generierung von Middlewarekomponenten für die Integration verschiedener Komponenten- und Servicemodelle. Um ein Modell in ein anderes überführen zu können, wird ein Metamodell beschrieben, das mittels XML repräsentiert wird. Das Metamodell selbst besteht aus den Entitäten:

- Typ
- Feld
- Operation
- Operand
- Ausnahme
- Benachrichtigung

Es ist objektorientiert aufgebaut. Die sprachabhängigen Bezeichner wie Konstruktor oder Methode wurden durch den neutralen Operator ersetzt. Das Framework unterstützt die Metaisierung von Java-, COM-, .NET- und CAN-Komponenten. Falls notwendig, ist die spezielle Technologiebrücke Bestandteil des Frameworks. Während .NET- und Java-Komponenten über die Programmiersprache mit Reflexion analysiert werden können, benötigt man für die COM- und CAN-Komponenten zusätzliche Bibliotheken. Für COM kommt JCOM zum Einsatz, für CAN wird die Java2CAN API [BN00] und die Schnittstellendefinition mittels *Electronic Data Sheet (EDS)* verwendet.

MAX enthält sog. Softwareexperten, die aus der Metainformation reale Middlewarekomponenten erzeugen können. Es existieren Softwareexperten zur Generierung von RMI-, Jini-, JNI-, COM-, CANopen- und Web-Service-Komponenten und Dokumenten im HTML- und PDF-Format.

Mit Hilfe von MAX können also COM- und CAN-Komponenten aus einem Javaprogramm heraus angesprochen werden. Zusätzlich kann die Generierung von Schnittstellenklassen automatisiert werden. Obwohl in der Arbeit von Nusser nicht vorgesehen, könnten auch leicht

5.9 Active Integration

KQML- oder JESS-Agenten generiert werden, die die COM- bzw. CAN-Welt anderen Agenten zur Verfügung stellen.

5.9.1 Fallstudie: Internet der Dinge – RFID

Das *Internet der Dinge* [GKC04] [Int05] beschreibt die Vernetzung alltäglicher Geräte und die durchdringende elektronische Markierung von Dingen mit *RFID (Radio Frequency IDentification)*. Dabei geht man davon aus, dass die einzelnen Bausteine eine gewisse, wenn auch geringe, Rechenkapazität besitzen und sich ad-hoc mit anderen Geräten vernetzen. Das Internet der Dinge ist eng verwandt mit den Bereichen *Ubiquitous Computing* und *Pervasive Computing* sowie dem Forschungsbereich der Sensornetzwerke. In der Vision können sich alle technischen Geräte mit ihren physikalischen Nachbarn austauschen und proaktiv mit ihrer Umwelt interagieren. Das Fraunhofer Institut Materialfluss und Logistik (IML) spricht von *mobilen Softwareagenten*, die mit Hilfe der RFID-Tags die Warenflüsse lenken sollen[17]. Das IML beschränkt das Internet der Dinge dabei auf den Bereich Logistik. Im Allgemeinen bedeutet es aber die Vernetzung aller technischen Geräte und Sensoren und deren Ausstattung mit grundlegender Rechenkapazität.

Einerseits kommen hier die bereits angeführten Wartungsthemen zum Tragen, andererseits muss auch der intelligente Betrieb programmiert werden. Für beide Aufgaben bietet sich die Agententechnologie sowohl stationär wie auch mobil, an. Eine Herausforderung stellt die Entdeckung und Koordination der einzelnen Knoten in diesem Schwarm von Geräten dar.

Auch in üblichen Computernetzwerken, in denen eine große Anzahl Geräte wie PCs und Drucker, teilweise aber auch Steuerungen, angeschlossen sind, stellen sich diese Aufgaben:

- Welche Komponenten sind verfügbar?
- Wo und wie oft kommen sie vor?
- Was können diese Komponenten?

Am Beispiel von COM- und CAN-Komponenten kann mittels des MAX-Systems gezeigt werden, wie diese Aufgaben mit Hilfe von Mobilen Agenten gelöst werden können. Dafür benötigt man Pionieragenten, die das Netzwerk durchstreifen und mögliche Komponenten entdecken. Falls sie dazu eine Technologiebrücke benötigen, können sie diese von einem anderen Agententyp anfordern und lokal installieren lassen. Schließlich verankern sie, falls es sich lohnt, einen Schnittstellenagenten, der die Komponenten in der Agentenwelt sichtbar macht. Mit MAX wird das nur exemplarisch für COM- und CAN-Komponenten gezeigt. Das MAX-System ist auch flexibel erweiterbar, um beliebige andere Komponenten in die automatische Schnittstellengenerierung miteinzubeziehen, so lange sie sich auf die Metakomponentenstruktur abbilden lassen.

---

[17] http://www.internet-der-dinge.de/opencms/opencms/ (abgerufen am 25.06.2008)

Durch diesen autonomen Brückenschlag zwischen Geräte- bzw. Komponentenwelt und Agentenwelt ergibt sich die Möglichkeit, beliebige Interaktionen und Algorithmen in diesem Netzwerk auszuführen.

5.9.2 Charakteristika

Die Domäne der aktiven Integration reizt die Möglichkeiten der Mobilen Agenten vollständig aus. Sowohl die Aspekte der Kooperation und Kapselung, als auch die Mobilität sind Kernbestandteile der Domäne. Auch die Kooperation von verschiedenen, spezialisierten Diensten ist gefordert, um die Aufgaben zu erfüllen.

5.10 Teleservice

Unter Teleservice oder Fernwartung versteht man die Wartung und Überwachung von technischen Anlagen und Geräten aus der Ferne. Es geht dabei um Fehlererkennung, Reparatur und Optimierung des Gerätes. Die Informationen werden dabei über ein Netzwerk übertragen und dem Servicetechniker zur Verfügung gestellt. Klassisch hat man Telefon- oder ISDN-Leitungen verwendet. Heutzutage sind oft *Virtual Private Networks (VPN)* im Einsatz, um den sicheren Zugang über das Internet zu ermöglichen. Über die sichere Verbindung werden dann Programme wie VNC eingesetzt, um den Desktop des Steuerungs-PCs aus der Ferne bedienbar zu machen. Andere Softwarelösungen bieten proprietäre, auf das spezielle Gerät abgestimmte, Protokolle und Oberflächen. Es existieren auch Web-basierte Oberflächen mittels eingebetteten Webservern.

Mit Hilfe der so gewonnen Erkenntnisse kann eine präventive Wartung erfolgen und eine entsprechende Bevorratung und Lagerhaltung von Ersatzteilen stattfinden. Man kann damit die nicht planbaren Stillstandszeiten verringern was für die Unternehmen einen großen wirtschaftlichen Vorteil bringt.

5.10.1 Remote Service

Der Begriff *Remote Service* ist weiter gefasst als Teleservice. Die Hersteller von Geräten und Maschinen nutzen die Remote Service Anwendungen indem sie dem Kunden mehr zusätzliche Dienstleistungen anbieten und versuchen so die Kundenbindung und Kundenzufriedenheit zu erhöhen. Es können zusätzliche Informationen, Ansprechpartner, Neuerungen, etc. über den Weg der Remote Services dem Kunden präsentiert werden.

Beispielsweise kann das Nutzungsverhalten des Kunden analysiert werden und ihm entsprechende Hilfestellung bzw. Angebote für Erweiterungen angeboten werden. Gerade im Bereich der Medizintechnik ist es sehr wichtig, möglichst effizient mit den meist teuren Geräten umzugehen.

5.10.2 Steuerung

Gerätesteuerungen werden heutzutage immer häufiger mit einer Internetschnittstelle versehen. Das Steuerungsprogramm an sich sitzt aber weiterhin nicht auf einem entfernten Rechner, sondern direkt in der Nähe der Geräte und ist üblicherweise über einen echtzeitfähigen Bus angebunden. Das Steuerungsprogramm, beispielsweise einer *Speicherprogrammierbaren Steuerung (SPS)*, kann nicht mit anderen Prozessen im Internet interagieren. Aus Gründen der Datenmengen und Reaktionszeiten muss die Steuerung lokal am echtzeitfähigen Bus sitzen. Die Auswertung von Sensorinformationen könnte durch die große Latenzzeit in Netzwerken zu lange dauern, um sinnvoll regelnd einzugreifen. Besteht die Anforderung, dass dieses Steuerungsprogramm flexibel ausgetauscht, mit anderen Prozessen interagieren und proaktiv steuernd eingreifen soll, bieten sich Mobile Agenten als Träger des Steuerprogramms an. Dadurch wird das Gerät, aber auch die Steuerung mit einer öffentlichen Schnittstelle für andere Agenten versehen und eröffnen die Möglichkeit des Monitoring bzw. der Optimierung. Der Steuerung, und damit auch dem zu steuernden Gerät, öffnet sich damit auch umgekehrt die Zugriffsmöglichkeit auf beliebige Internetressourcen, die von anderen Agenten angeboten werden.

5.10.3 Code Updates

Der Austausch von Softwarekomponenten kann auf zwei Arten stattfinden:

Agentenkomponenten Die Steuerungssoftware ist selbst als Agent programmiert und kann damit leicht durch einen anderen Agenten ersetzt werden.

Klassische Steuerungsprogramme Andernfalls können Softwareupdates durch Installationsagenten in der Steuerung zur Ausführung gebracht werden.

In beiden Fällen ist die Koordination der Wartungsarbeiten (vgl. Kap. 5.5) durch entsprechende dezentrale Koordination mittels Agenten zu bewerkstelligen.

5.10.4 Verbindungslose Ausführung

Bei der Gerätesteuerung, wie bei den mobilen Geräten (vgl. Kap. 5.4) gewährleisten Mobile Agenten durch ihre Codemigration und lokale Ausführung die Funktionsfähigkeit der Anwendung trotz Verbindungsunterbrechung. Im Gegensatz zu den mobilen Geräten ist bei technischen Geräten diese Fähigkeit auch ohne Agententechnologie vorhanden, da die Steuerung selbst Rechenkapazität in Form eines eingebetteten Systems besitzt.
Der Vorteil der Mobilen Agenten ergibt sich aus der Zuverlässigkeit der zusätzlich zum Steuerungsprogramm installierten Aufgaben wie z. B. Monitoring. Die Überwachung läuft daher auch bei Verbindungsunterbrechungen weiterhin ab.

5.10.5 Charakteristika

Die Anwendungsdomäne des Teleservice nutzt die autonomen Eigenschaften von Mobilen Agenten, indem diese unabhängig von einer zentralen Steuerung ihre Aufgaben erledigen können. Da sie bei der Anbindung der Gerätewelt auf die Überbrückung der Schnittstellen angewiesen sind, kooperieren sie mit für diese Aufgabe spezialisierten Agenten. Ihr volles Potenzial schöpfen die Mobilen Agenten erst in der Zusammenarbeit über Agentenortsgrenzen hinweg in einer hochverteilten Umgebung aus.

5.11 Zusammenfassung

In diesem Kapitel wurde die Eignung von Mobilen Agenten für unterschiedliche Anwendungsdomänen untersucht. Der Einsatz von Mobilen Agenten muss, wie jede andere Architekturentscheidung auch, von funktionalen und v. a. nicht-funktionalen Anforderungen abhängig gemacht werden. Die vorgestellten Anwendungsbereiche zeichnen sich besonders für den Einsatz von Mobilen Agenten aus. Es kann aber durchaus sein, dass eine spezielle Anwendung, obwohl sie in eine der vorgestellten Domänen fällt, nicht für ein Agentensystem geeignet ist. Beispielsweise weil sehr restriktive Managementanforderungen an die Softwarekomponenten gestellt werden und diese leichter mit einer anderen Architektur erreicht werden.

Allen Anwendungen gemein ist der Aspekt der Verteilung. Anwendungen, die nur lokal ausgeführt werden, können zwar vom Agentenprinzip profitieren, doch die Mobilität ist nicht förderlich und erzeugt nur zusätzliche Komplexität. Deshalb wird auch die Mobilität der Agenten zu einem zentralen Charakteristikum fast aller Anwendungsdomänen. Nur die *Offline Portale* benötigen sie nicht dringend. Die Vorbereitung der Agenten auf Migration und Verbindungsunterbrechung erleichtern jedoch generell den Entwurf der Anwendung.

Die weiteren Charakteristika verteilen sich auf die unterschiedlichen Domänen und sind daher nicht spezifisch zur Unterstützung von Mobilen Agenten. Die Befürwortung von Mobile-Agenten-Systemen ergibt sich aus der Kombination der Anforderungen an die Domäne, wobei keine einzelne Charakteristik notwendig ist.

Hinweise für die Eignung von Mobilen Agenten ergeben sich aus einem hohen Verteilungsgrad der Anwendung auf unterschiedliche Systeme und die damit einhergehende Verwendung sehr unterschiedlicher Verbindungen. Gerade wenn die Art der Verbindung nicht homogen bzgl. Bandbreite, Latenz und Sicherheit ist, eigenen sich Mobile Agenten durch ihre Fähigkeit, sich an unterschiedliche Umgebungen anzupassen.

Die hier aufgeführten Anwendungsdomänen sind nur ein Ausschnitt der Anwendungsmöglichkeiten. Die Breite der Palette zeigt aber deutlich, dass die geringe Verbreitung nicht auf die unpassende Architektur für eine ganze Reihe von Anwendungen zurückzuführen ist. Im folgenden Kapitel werden andere mögliche Hinderungsgründe vorgestellt und diskutiert.

Kapitel 6

Softwaretechnik für Mobile Agenten

6.1 Einführung

Die Softwaretechnik ist ein Gebiet der Informatik, das die Akzeptanz eines Softwaresystems, des Entwicklungsprozesses und der Softwarearchitektur maßgeblich beeinflusst. Auftraggeber bzw. Kunden von Softwarelösungen fordern eine planbare Entwicklung, ein wartungsfreundliches System und eine erweiterbare, klare Architektur. Diese nicht-funktionalen Anforderungen beeinflussen Softwareprojekte deutlicher als die funktionalen Anforderungen. Letztere lassen sich einfach spezifizieren und quantifizieren. Bei den zuerst genannten ist dies deutlich schwieriger. Mobile Agenten haben den Ruf, durch ihre virale Aktivität nicht beherrschbar zu sein. Um so mehr muss das Programmierparadigma mit allgemein akzeptierten Praktiken der Softwaretechnik unterstützt werden.

Im Folgenden wird auf einige besondere Bereiche der Softwaretechnik eingegangen, um auszuführen, inwiefern Standardmethoden angewandt werden können und an welchen Stellen noch Nachholbedarf für das Paradigma der Mobilen Agenten besteht, um die Akzeptanz bei Softwareentwicklern und Entscheidern zu fördern.

6.2 Logging

Die Ausführung von komplexen, verteilten Anwendungen bedingt, dass es nicht mehr offensichtlich ist, welche Prozesse[1] zu welcher Zeit an verschiedenen Orten stattfinden. Die Überwachung des Systemzustands ist in verteilten Systemen grundsätzlich eine schwierige Aufgabe (vgl. [SFK01b]). In einem Mobile-Agenten-System kommt die zusätzliche Komplexität der Codemigration hinzu. Zur Überwachung (engl. *Monitoring*) des Gesamtsystems verwendet man das sog. Logging, d. h. das Speichern von speziellen Zustandsnachrichten. Oft wird dies in den Logdateien abgelegt und folgt einem bestimmten Format. Auch die Ablage in Datenbanken

---
[1] nicht im Sinne von Betriebssystemprozessen, sondern von logischer Ausführung.

ist üblich. Die Gesamtheit der Lognachrichten beschreibt den aktuellen Zustand des Gesamtsystems.

6.2.1 Logformat

Es existieren unterschiedliche Formate für Lognachrichten. Klassischerweise verwendet man im Java Umfeld die log4j-Bibliothek[2], die mehrere Ausgabeformate, sog. Layouts, kennt. Es gibt ein PatternLayout, mit dem Textformatierungen im Stile der Programmiersprache C möglich sind und weitere wie z. B. auch ein XML-Layout. Zum Apache Logging Project gehört auch *chainsaw*, ein Betrachter für Dateien, die von log4j erzeugt wurden.

Bei der Erstellung des Logformats muss der spätere Verwendungszweck berücksichtigt werden. Durch die Verwendung von XML-Dokumenten hat man alle Möglichkeiten der werkzeugunterstützten automatischen Nachbearbeitung.

Bei jedem Logformat muss ein Kompromiss zwischen der Anzahl der Lognachrichtentypen und der Variabilität in den Parametern gefunden werden. Die Extrema sind dabei:

- Ein einziger Logtyp: jede Lognachricht hat dasselbe Format und unterscheidet sich nur in den Parametern. D. h., der Logtyp wird als Parameter an die Lognachricht angefügt.

- Jede unterschiedliche Lognachricht hat einen eigenen Logtyp: Der Logtyp ist dabei explizit im Format der Lognachricht kodiert. Abhängigkeiten oder Gruppierungen können hier über Vererbung eingeführt werden.

6.2.2 Loggenerierung

Die Erzeugung von Lognachrichten muss im Programmcode vorgesehen sein. Dies kann entweder explizit in einer deklarativen Programmiersprache passieren oder durch aspektorientierte Programmierung in bestehenden Code eingewebt werden.

Die explizite Programmierung von Lognachrichten hat den Vorteil, dass die Erzeugung feingranular kontrolliert werden kann. Die Lognachricht und deren Inhalt kann an Bedingungen geknüpft sein und so an einer Stelle im Programmcode auch unterschiedlichste Zustände adäquat darstellen. Für die Lesbarkeit ist es allerdings oft hinderlich, wenn die Lognachrichten den eigentlichen Algorithmus durchsetzen. Außerdem wird für das Erstellen der Nachrichten Rechenzeit benötigt, die aber meist durch das Konzept der Loglevel minimiert wird. Dabei werden nur dann die Nachrichten erzeugt, die dem konfigurierten Loglevel entsprechen.

Wenn die Einbettung des Logging nicht erwünscht oder nicht möglich ist, da der Quellcode nicht verfügbar ist, kann die Erzeugung von Lognachrichten als Aspekt der Software hinzugefügt werden. Das Logging wird oft als das Hauptbeispiel für einen sog. *Cross-Cutting-Concern*, also eine Aufgabe, die überall implementiert werden muss und orthogonal zu der

---

[2] http://logging.apache.org/ (abgerufen am 25.06.2008)

Hauptaufgabe der Software steht, genannt. Die meisten aspektorientierten Erweiterungen von Programmiersprachen beruhen auf einem zusätzlich Pre- oder Postcompiler, der die Aspekte in den Quell- oder Bytecode einwebt. (Vgl. [Lad03] und [PRS05])

In einem Regelsystem wie JESS ist die aspektorientierte Programmierung leicht umzusetzen, da zu jedem Fakt mehrere Regeln feuern können. Die Reihenfolge der Auswertung der Regeln kann über Prioritäten gesteuert werden.

Für Mobile Agenten sind beide Vorgehensweisen, explizites und aspektorientiertes Logging, möglich.

6.2.3 Logplatzierung

Der Speicherort für die Lognachrichten ist für die Weiterverarbeitung von zentraler Bedeutung. In verteilten Systemen stellt sich die Frage, wo und wie die Daten abgelegt werden sollen. Der naive Ansatz, die Nachrichten lokal im Dateisystem abzulegen, skaliert zwar gut für die Generierung. Die Auswertung der Logdateien wird dadurch aber erschwert, da sie sowohl verteilt, als auch unsynchronisiert sind. Außerdem kann in einem verteilten System mit Codemigration nicht vorhergesagt werden, wo welche Lognachricht abgelegt wird. Das erschwert die Zusammenführung und Suche in den Logdateien.

Die Logdateien können auch auf einem Netzlaufwerk gespeichert werden und sind dann für alle Teilnehmer verfügbar. Das ist effizient, aber nur in lokalen Netzen möglich, da Dateisysteme üblicherweise synchron arbeiten und daher bei großer Latenz der Durchsatz stark einbricht. Außerdem ergibt sich aus dieser Synchronisation über das Dateisystem eine nicht gewünschte Sequenzialisierung. Die zeitliche Synchronisation der Lognachrichten ist aber auch hier schwierig, da es in einem verteilten System praktisch nicht möglich ist absolute, sondern nur relative Zeitstempel zu vergeben.

Eine prinzipielle Entscheidung ist die Antwort auf die Frage nach der Persistenz der Lognachrichten. Sie können dauerhaft in einem Dateisystem oder einer Datenbank abgelegt werden oder transient, z. B. innerhalb einer *Messagequeue*, verarbeitet werden. Der Zeitpunkt der Abfrage (engl. *Query*) von Lognachrichten entscheidet über den Einsatz des einen oder des anderen Verfahrens.

Unabhängig von der Weiterverarbeitung muss ein Kommunikationskanal bestehen, der entweder die erzeugten Lognachrichten oder die Suchanfrage übermittelt. In einem Mobile-Agenten-System kann diese Aufgabe von Mobilen Agenten übernommen werden. Dies wäre allerdings ein extremer Overhead für reinen Datentransport. Im folgenden Kapitel 6.2.5 wird eine mögliche Lösung im Detail vorgestellt.

6.2.4 Logquery

Die Generierung von Lognachrichten ist nur sinnvoll, wenn die Ausgabe auch analysiert wird. Dazu ist es notwendig, je nach Verfahren, bestimmte Nachrichten zu suchen bzw. zu filtern. Bei lokalem Logging muss die Suche über alle Ablageorte verteilt und das Ergebnis zusammen gefasst werden. Eine zentrale Ablage vereinfacht die Query auf der Logdatei, aber deren ständige Erweiterung durch Nachrichten muss dabei berücksichtigt werden und die schreibenden Prozesse sollten nicht behindert werden.

Bei der dynamischen Variante ohne Persistenz der Lognachrichten muss die Query zu dem Zeitpunkt ausgeführt werden, zu dem die Nachricht eintrifft. Üblicherweise verwendet man dafür einen Messagebus, in den die Lognachrichten publiziert werden und entsprechende Teilnehmer registrieren sich für bestimmte Nachrichtenmuster. Die Abfrage wird von einer Pull- zu einer Push-Methode. Die Anfrage wird also nicht mehr angefordert, sondern der Empfänger wird benachrichtigt falls eine ihn interessierende Nachricht eintrifft. Aber auch Datenbanktrigger sind vorstellbar, die bei Eintreffen einer neuen, passenden Lognachricht feuern.

Die Query selbst muss an die Logsprache angepasst sein. Bei XML-basierenden Lognachrichten verwendet man z. B. *XPath* [Sim02], bei der Ablage in einer Datenbank *SQL* und für rein textorientierte Logdateien oft reguläre Ausdrücke. Ein neuerer Ansatz ist die Query mittels Regelsystemen[3]. Dabei zeigte sich eine deutliche Leistungssteigerung gegenüber XPath-orientierten Ansätzen.

6.2.5 Message-Bus

Ist keine persistente Ablage der Lognachrichten notwendig, kann ein Message-Bus eingesetzt werden, um sie zu publizieren und entsprechende Subsysteme können bestimmte Muster abonnieren. Ein Nachrichten-Bus, auch *Message-Oriented Middleware (MOM)* [BCSS99] genannt, bietet eine asynchrone, verteilte Kommunikationsschnittstelle. Die Nachrichten können beliebigen Inhalt haben und werden mit zusätzlichen Attributen versehen. So können die Nachrichten in verschiedenen Kanälen und dort in verschiedenen Topologien wie z. B. Broadcast oder Point-to-Point versendet werden.

Monitoringsysteme, die z. B. auf bestimmte Warnungen oder Fehlerereignisse hören, können zur präventiven oder auch korrektiven Wartung eingesetzt werden. Andere Abonnenten ermitteln die aktuelle Lastsituation oder die Notwendigkeit von Systemarbeiten wie z. B. eines Backups. Schließlich können die Nachrichten auch persistent abgelegt werden, wenn es einen entsprechenden Abonnenten gibt.

Nachrichtenbasierte Kommunikation wird heute üblicherweise im Bereich der *Enterprise Integration* [Cum02], also der unternehmensweiten oder unternehmensübergreifenden Integration

---

[3] http://blog.athico.com/2006/11/rush-hour-and-content-based-routing.html
(abgerufen am 25.06.2008)

aller Systeme, eingesetzt. Dabei liegt der Fokus auf Interoperabilität und nicht so sehr auf dem Durchsatz. Erstere Anforderung wird gut erfüllt. In Kombination mit der Transformation der Nachrichten spricht man auch oft von einem *Enterprise Service Bus (ESB)* [Cha04]. Die Menge der Nachrichten kann zu einem Engpass im verteilten System werden, v. a., wenn kein direktes Routing der Nachrichten möglich ist, sondern ein sog. *multi-hop-routing* über mehrere Knoten hinweg notwendig ist.

Carzaniga et al. [CRW04] stellen ein erweitertes Routingschema zum content-based routing vor. In ihrem *combined broadcast and contentbased (CBCB)* genannten Ansatz werden die Subscriber Informationen als Broadcast in dem Overlay-Netzwerk verteilt. Mit dieser Information kann ein aktives Routing stattfinden, so dass entsprechende, passende Nachrichten nur an Knoten geliefert werden, an denen interessierte Abonnenten sind. Dadurch werden die Verbindungen zwischen den Endpunkten nur mit den notwendigen Nachrichten belastet.

Auf Basis dieser Informationen kann sogar die Topologie des Overlay-Netzwerkes verändert werden, um eine günstige Lastverteilung der Verbindungen zu erreichen. Auch können dadurch statisch Ausweichrouten ermittelt und angelegt werden.

6.2.6 Fallbeispiel: Optimierte Lastverteilung

In [SFK01a] beschreiben Schimkat et al. eine Anwendung von Mobilen Agenten zum parallelen Lösen des SAT-Problems. Im Gegensatz zur in Kap. 5.3.2 beschriebenen Fallstudie werden hier nicht nur lokale Informationen berücksichtigt, sondern die Lastverteilung im gesamten System berücksichtigt.

6.2.6.1 Logging

In dieser Fallstudie werden Lognachrichten in der Markup Language *SpectoML* [SHKK00] erzeugt. Diese Sprache basiert auf dem in [JLSU87] vorgestellten Modell des Loggings für verteilte Systeme mit nachrichtenbasierter Kommunikation. *SpectoML* baut auf dem XML Standard auf und enthält die Lognachrichten als einzelne Elemente mit entsprechenden Attributen. Es gibt drei verschiedene Typen von Nachrichten: *log* für informative Meldungen, *warn* für Warnungen und *error* für den Fehlerfall. Jede Nachricht ist eine sog. *Agent State Information (ASI)*, die den Zustand eines Agenten zu einem bestimmten Zeitpunkt beschreibt. Die Gesamtheit aller ASI ist ein Agentenstatusreport und beschreibt den aktuellen Zustand und die Vergangenheit aller Aktivitäten innerhalb einer Lounge.

6.2.6.2 Verteilung

Der Agentenstatusreport wird als Datei im Dateisystem abgelegt und laufend um weitere ASI erweitert. Gleichzeitig greift ein *Kerberus* genannter Überwachungsprozess auf diese Datei zu und publiziert alle neuen ASI in eine nachrichtenorientierte Middleware.

Der Weg über das Dateisystem ist nicht unbedingt notwendig, sorgt aber für eine zusätzliche Persistenz. Die ASI sind dadurch lokal bei jeder Lounge verfügbar. Ist das nicht notwendig oder erwünscht, können die ASI auch direkt publiziert werden. Die Persistenz der Nachrichten kann auch durch einen entsprechenden Abonnenten zentral erfolgen. Dies hat auch den Vorteil, dass bei der Suche nach historischen ASI nur ein Repository durchsucht werden muss.

Der Nachrichtenbus *Mitto* [SKK99] verteilt sie im *publish-subscribe* Verfahren. Nachrichten werden in unterschiedliche Kanäle publiziert, die die Konsumenten abonnieren können. Die Auslieferung ist asynchron und daher für den Produzenten nicht blockierend. Die Abonnenten können die erwünschten Nachrichten aber noch weiter mit Hilfe einer Subscriptionssprache einschränken. Dabei werden die Nachrichten bezüglich ihrer Inhalte gefiltert.

6.2.6.3 Anwendung

In dieser Fallstudie gibt es einen sog. *Event Promoteragent (EPA)*, der Nachrichten abonniert hat, die sich auf die aktuelle Warteschlange eines *Calculation-Serviceagenten* beziehen. Damit hat der EPA die Verteilung der Warteschlangen über die einzelnen Lounges im Blick. Überschreitet die Verteilung der Agenten einen bestimmten Wert für die Warteschlangendistanz (vgl. Abb. 6.1 Formel (1)), so versucht der EPA die Distributeragenten zu reorganisieren.

$$\text{Länge der Warteschlange des CalcService}_i = queue_i$$

$$\text{Warteschlangendistanz } wd = \sum_{i=1}^{n} \left\lfloor \left| queue_i - \frac{\sum_{i=1}^{n} queue_i}{n} \right) \right\rfloor \tag{1}$$

$$\# \text{ Agenten } n = \min \left(\begin{array}{c} \frac{\sum_{i=1}^{n} queue_i}{n} - \min_{i=1}^{n} (queue_i), \\ \max_{i=1}^{n} (queue_i) - \frac{\sum_{i=1}^{n} queue_i}{n} \end{array} \right) \tag{2}$$

Abbildung 6.1: Die Warteschlangendistanz wd ist die Summe der Abweichungen von der mittleren Warteschlangenlänge. Die Anzahl der zu migrierenden Agenten n ist das Minimum der Abstands der längsten und der kürzesten Warteschlange vom Mittel.

Dazu sucht er die längste Warteschlange aus und errechnet mit der Formel (2) die Anzahl der zu verschiebenden Agenten. Dann weist er einem *Reconfiguration Agent* den Calculation-Serviceagent und die Anzahl n der zu verschiebenden Agenten zu. Der Reconfigurator migriert und informiert den Calculation-Serviceagent, der wiederum seine Warteschlange kennt und die letzten n Agenten informiert, wohin sie migrieren sollen.

Die Anwendung ist funktional robust gegen Störungen in der Nachrichtenverteilung oder -auswertung. Falls der EPA keine oder sogar fehlerhafte Anweisungen gibt, terminiert die Anwendung trotzdem, falls sie ohne ihn terminiert.

Die empirischen Ergebnisse zeigen, dass die Gesamtlaufzeit sinkt, wenn der EPA die Warteschlangen neu organisiert. Trotz des zusätzlichen Aufwands der Migration von Distributeragenten steigt durch die bessere Auslastung der Calculation-Serviceagenten die Performance.

6.2.6.4 Fazit

Diese Fallstudie zeigt die Anwendung von lokalem Logging. Über den Nachrichtenbus wird auch die mögliche Verteilung der Loginformation aufgezeigt. Diese Informationen dienen nicht nur der nachträglichen Analyse der Abläufe, sondern sind immer auch aktuelle Beschreibung des Systemzustands, der zur Entscheidungsfindung herangezogen werden kann. Nachrichtenorientierte Middleware erlaubt die skalierbare Verbreitung der Informationen, wie in weitergehender Forschung zu diesem Thema gezeigt wird.

Die Analyse der Loginformationen kann entweder durch die Subskriptionssprache, also die Filterung der abonnierten Nachrichten, oder durch eine nachgelagerte Verarbeitung der Nachrichten geschehen. Falls historische Zustände oder Ereignisse analysiert werden sollen, kann auf den Agentenstatusreport, strukturiert mittels XML-basierter Suche, zugegriffen werden. Diese Möglichkeit erlaubt es, eine einfache und standardisierte Anfrage an die Zustandsbeschreibung zu stellen. (Vgl. [BW03])

6.3 Testen und Debuggen

Die Qualitätssicherung eines Softwaresystems besteht aus verschiedenen Prozessen [IEE06], wie z. B. :

- Prüfmittelverwaltung
- Dokumentation
- Fertigungsprüfung
- Prüfung der verwendeten Prozesse
- etc.

Außerdem kommen noch Verfahren zur Analyse und Entfernung von Fehlerfällen im Betrieb hinzu, das sog. *Bugfixing*. In diesem Kapitel wird der Schwerpunkt auf das Testen und die Fehlersuche (engl. *Debugging*) gelegt, wobei ersteres in der Entwicklungsphase und letzteres in der Bereitstellungsphase (engl. *deployment*) von Software verwendet wird.

6.3.1 Testen

Das Testen von Softwarekomponenten ist durch die Entwicklungsmethoden des *Test-Driven Development (TDD)* [Bec02] und *Extreme Programming (XP)* [BA04] zu einer weit verbreiteten Methode geworden. Allerdings gilt auch hier die Aussage von Dijkstra [DDH72]: Testen kann aber nur die Anwesenheit von Fehlern aufzeigen, nie deren Abwesenheit beweisen. Der Verbreitungsgrad der Testautomatisierung und der ständigen Integration (*Continuous Integration*) ist auch heute noch bei deutlich unter 50% anzusiedeln. Der Stand der Technik sind dabei verschiedene Testarten, die sich gegenseitig ergänzen. Zum einen werden sog. *Unittests* [Bec02] eingesetzt, um einzelne Kompiliereinheiten[4] zu testen. Dabei geht man davon aus, dass sowohl der Erfolgsfall, als auch der Fehlerfall getestet werden. Eine grundlegende Metrik für Unittests ist die Testabdeckung, d. h. wie viele Anteile des Quellcodes von den Tests durchlaufen werden. Üblicherweise wird dabei nicht die Codezeile, sondern nur der Aufruf der Methoden ausgewertet. Diese Metrik kann aber täuschen, da nur überprüft wird, wie viele Methoden aufgerufen wurden und nicht, ob auch ihr Ergebnis bzw. ihre Seiteneffekte ausgewertet werden. Aufruftests, die das Ergebnis nicht berücksichtigen, nennt man auch *Smoketests*[5]. Falls die Units von anderen abhängig sind, setzt man *Mocks* ein, die ein definiertes, einfaches Verhalten gegen das verwendete Interface zur Verfügung stellen.

Zusätzlich zum Test der Kompiliereinheiten möchte man aber auch sicherstellen, dass die Komponenten untereinander harmonieren und die Anwendung schließlich funktional korrekte Ergebnisse liefert. Dafür verwendet man funktionale Tests bzw. Integrationstests. Ihre Struktur ähnelt denen der Unittests, nur wird von ihnen deutlich mehr Quellcode aufgerufen. Die einzelnen Units arbeiten zur Erfüllung des Integrationstests zusammen und liefern ein Ergebnis. Diese Tests können kompliziert und aufwändig werden, wenn man die Seiteneffekte, z. B. die Persistenz von Daten, mittesten will.

Beide Testarten untersuchen verschiedene Qualitätskriterien. Der Unittest überprüft die Funktionsfähigkeit der Bausteine und der Integrationstest den korrekten Zusammenbau der Software aus diesen Bausteinen. Um die Qualität jederzeit sicherstellen zu können, wird der Quellcode automatisch übersetzt und alle Tests ausgeführt. Das kann entweder in einem *Nightly Build* passieren oder man setzt auf die *Continuous Integration*, d. h., jede Änderung im Quellcode Management System stößt das automatisierte Bauen und Testen an (vgl. [DMG07]).

Der Unittest ist für Mobile Agenten genau gleich und einfach zu lösen. Integrationstests werden schwierig und aufwändig, wenn Nebenläufigkeit und Verteilung als Charaktere der Anwendung mitgetestet werden sollen. Genau diese Anforderungen stellen aber Mobile Agenten an einen Integrationstest.

Für Mobile Agenten bietet sich ein einfacherer Testprozess an, der die Agentenschnittstelle in seiner Kommunikationssprache testet. Im Fall von *Okeanos* (vgl. Kap. 4) kommunizieren diese Tests also mittels KQML mit den Agenten. Diese Tests garantieren die Einhaltung des spezifizierten Interfaces. Agenten können komplexe Logik beinhalten und besitzen üblicherweise auch einen Zustand, also ihre Sicht der Aussenwelt. Diese Nebeneffekte müssen durch die Tests abgebildet bzw. überprüft werden. JESS Agenten können die Komplexität noch erhöhen. Um

---

[4] in Java sind das die einzelnen .java Dateien, die normalerweise nur eine öffentliche Klasse enthalten.
[5] Smoke = Rauch; man testet ob der Aufruf der Methode schon (ab)raucht.

so wichtiger ist es, dass im Voraus durch Tests das erwünschte Verhalten definiert wird. Der Aspekt der Nebenläufigkeit und Verteilung ist damit aber noch nicht abgedeckt. Wie auch in klassischen Client-Sever-Architekturen ist das Verhalten in der Bereitstellungsphase schwierig zu testen. Diese Tests erfordern einen beispielhaften Aufbau einer Ausführungsumgebung, wie sie im späteren Auslieferungsfall an potentielle Kunden vorzufinden ist. Da diese Art der Tests aufwändig ist, testet man normalerweise v. a. den üblichen Anwendungsfall und nicht die nur selten vorkommenden Ausnahmefälle. Im Extremfall findet der reale Test erst im Zielsystem statt, weil es nicht wirtschaftlich ist, ein entsprechendes Testsystem aufzubauen. Fehler, die in dieser Phase der Softwareentwicklung auftreten, müssen dann mittels Debugging analysiert und ausgebessert werden.

6.3.2 Debugging

Der Begriff des Debugging bezieht sich auf die Entfernung von Fehlern (engl. *Bug*) aus Softwaresystemen. Dieser Vorgang ist immer über die Ausgabe von Zwischenergebnissen auf der Konsole möglich. Für die meisten Programmiersprachen existieren sog. *Debugger*, das sind Ausführungsumgebungen, bei denen die Software in Einzelschritten ausgeführt werden kann. Dabei ist zu jedem Zeitpunkt die Anzeige und teilweise auch die Manipulation des Speichers zur Analyse des Programmfortschritts möglich. Für moderne Programmiersprachen existieren ausgefeilte Debugger. Für Java bietet die Java Virtual Machine eine entsprechendes Interface an, das durch *IDE*s (engl. *Integrated Development Environment*) wie z. B. *Eclipse* übersichtlich dargestellt wird. Dabei werden bei einem Breakpoint alle Threads der Virtual Machine angehalten und können inspiziert werden. Dadurch verändert sich allerdings auch die Art der Nebenläufigkeit, da sich die zeitliche Ausführung der Threads ändert.

Die *Java Platform Debugger Architecture (JPDA)* ermöglicht den entfernten Zugriff auf JVMs. Dadurch kann ein Debugger für verteilte Agentensysteme auf Basis von Java entwickelt werden. Agenten können so in ihrer "natürlichen Umgebung" im Ablauf analysiert werden. Ein Problem stellt aber die Fülle von Threads und Objekten innerhalb der einzelnen JVMs dar. Ein solcher verteilter Debugger benötigt daher eine durchdachte Filter- und Analysefunktionalität, um die Informationen beherrschen zu können.

Zusätzlich zur schrittweisen Analyse existiert die Methode der Ausgabe von Zwischenergebnissen, um die Ausführung nachvollziehen zu können. Kernighan schreibt in den Handbüchern zur siebten Ausgabe von UNIX der Bell Labs [Ker79]:

> The most effective debugging tool is still careful thought, coupled with judiciously placed print statements.
>
> Das effektivste Debuggingwerkzeug ist immer noch gewissenhaftes Nachdenken in Verbindung mit umsichtig platzierten Ausgaben. [Übersetzung des Autors]

Die Informationen können entweder direkt auf der Konsole ausgegeben werden oder auch als Lognachrichten abgelegt bzw. verteilt werden. Wie bereits im vorherigen Kapitel 6.2 beschrieben, kann über die Lognachrichten der Ausführungspfad und Zustand der Anwendung zu einem beliebigen Zeitpunkt in der Vergangenheit nachvollzogen werden. Wie Kernighan richtig bemerkt, müssen dazu die Ausgaben aber wohlbedacht erzeugt werden, um später diese Möglichkeit nutzen zu können.

6.3.3 Fazit

Auch für Mobile Agenten ist ein sinnvolles Debugging möglich. Dazu werden allerdings mächtige Werkzeuge in Form von verteiltem Debugging und Loganalyse benötigt. Wie im vorherigen Abschnitt beschrieben sind diese Möglichkeiten aber bereits im Repertoire der aktuellen Programmiersprachen und IDEs vorhanden.

6.4 Versionierung

Die Komponenten einer agentenzentrierten Anwendung sind meistens selbst Agenten. Durch die Eigenschaft von Agenten, autonom über ihren Lebenszyklus zu bestimmen, gewinnt der Austausch von Software eine neue Qualität (vgl. [SFK01b]). Es existiert kein zentraler Ort, an dem die Agentenklassen vorgehalten werden und die Komponenten einfach ausgetauscht werden könnten. Um die Autonomie der Agenten nicht zu gefährden, muss ein Verhaltensmuster existieren, das einen sauberen Austausch von Agentenversionen ermöglicht. Agenten muss signalisiert werden können, dass sie durch einen legitimen Nachfolger mit neuer Version ersetzt werden sollen. Anschließend muss die aktuelle Aufgabe sauber abgeschlossen oder an den Nachfolger übergeben werden.

Eine weitere Aufgabe ist es, alle auszutauschenden Agenten im Agentensystem aufzuspüren und zu kontaktieren. Durch die Mobilität ist dies keine simple Aufgabe. Theoretisch kann man die Terminierung der Aufgabe nicht beweisen, durch entsprechende Anwendungslogik und Heuristiken kann man das Ziel aber durchaus erreichen. Verschiedene Konzepte sollen im Folgenden nur andiskutiert werden:

Boxenstopp Die Anwendungslogik der mobilen Agenten sieht einen periodischen Kontakt mit einer Management bzw. Versionsverwaltungsinstanz vor. Dadurch kann zu diesem Zeitpunkt der Austausch stattfinden. Das System erhält aber zusätzliche Komplexität in Form der Wartungsinstanzen, die selbst auch verteilt werden müssen. Außerdem wird die Autonomie bewusst eingeschränkt.

Begrenzte Lebenszeit Die Lebenszeit versionierter Agenten wird grundsätzlich begrenzt. Falls ihre Lebenszeit abgelaufen ist, beenden sie sich und eine neue Instanz mit der gerade aktuellen Version wird erzeugt. Dabei muss zwischen dem unnötigen Neuerzeugen und der möglicherweise langen Laufzeit eines veralteten Agenten abgewogen werden. Gerade bei Agenten, die sich weiter entwickeln, kann das aus Anwendungssicht willkürliche Beenden nicht gewünscht sein.

Phasenweise Immobilität Durch spezielle Signale werden die Agenten angehalten, möglichst nicht zu migrieren, um den Agenten neuer Versionen die Kontaktaufnahme zu erleichtern. Dies garantiert keine sichere Durchführung der Aufgabe, aber es ist eine Heuristik, die mit großer Wahrscheinlichkeit zum Erfolg führt.

Je nach Anwendungsfall, sind beliebige Strategien vorstellbar, wobei jeweils Rücksicht auf die Gesamtaufgabe, Zeit zwischen neuen Versionen und der Dringlichkeit der Homogenität der Agenten, genommen werden muss.

Bei der Versionierung von Agenten gibt es die Möglichkeit, dass sich auch die Schnittstellen der Agenten ändern können. Für die Kommunikation ist es daher wichtig, dass sich die Agenten selbst mit ihrer Version identifizieren und nicht verstandene Nachrichten entsprechend zurückmelden. Eine Änderung der Schnittstelle von einer Version zur anderen, ist ein großer Eingriff in die Anwendung und ein sukzessiver Austausch ist daher nur schwer möglich. Gleiches gilt aber auch für sehr hochverteilte Systeme mit langer Lebenszeit wie z. B. Systeme der Postautomatisierung.

6.4.1 Fazit

Um Agenten zu versionieren und dynamisch austauschen zu können müssen drei Merkmale vorhanden sein:

1. Agenten müssen sich und ihre Schnittstelle mittels eines Versionierungsmerkmals (z. B. einer Versionsnummer) ausweisen.
2. Agenten benötigen eine definierte Schnittstelle, um eine saubere Ablösung durch andere Agenten zu ermöglichen. Dafür sollte ein einheitliches Kommunikationsmuster festgelegt werden, um die Entwicklung zu erleichtern.
3. Es muss ein Mechanismus zur Unterstützung des Agentenaustausches in Abhängigkeit von den Anforderung der Gesamtanwendung existieren.

Diese Maßnahmen ermöglichen den Austausch von Softwarekomponenten in einem laufenden, hochverteilten System, was in anderen Architekturen nur aufwändig möglich ist.

6.5 Komposition

Anwendungssoftware wird normalerweise explizit zusammengestellt. Entweder durch direkte Implementierung, Kompilierung und Binden wie z. B. in der Programmiersprache C++. In

Java ist zwar das Binden dynamisch, üblicherweise ist der Klassenpfad aber statisch und somit ist das Binden auch a priori determiniert. Durch das Entwurfsmuster der *Dependency Injection*, einer Anwendung der *Inversion of Control (IoC)* [JF88], wird die Möglichkeit des dynamischen Bindens ausgenutzt, indem die konkrete Implementierung durch externe Konfiguration zur Ausführungszeit festgelegt wird. Trotzdem ist die Bindung nach dem Start der Anwendung festgelegt.

Bei Agentenanwendungen gibt es keine explizite Bindung über Konfigurationen oder Kompilierung. Die Kooperation der Agenten wird durch die Applikationslogik der einzelnen Agenten definiert. Sie suchen und kontaktieren ihre Kooperationspartner selbst. Die Entscheidung treffen sie über die angebotenen Dienste eines Agenten. Das bedeutet, dass die Agenten eine gemeinsame Ontologie (vgl. Kapitel 3.2 und [Gru08]) verwenden müssen. Die Semantik einer Dienstbezeichnung muss einheitlich und eindeutig sein.

Auch in Enterprisearchitekturen findet sich das dynamische Binden nach dem die Kontaktinformationen der Serviceobjekte in einem Verzeichnis gefunden wurden. Als Beispiele für Verzeichnisse ist hier das *Java Naming and Directory Interface (JNDI)* [LS00] und die *Universal Description, Discovery and Integration (UDDI)* zu nennen. Letzteres ist das zur Gruppe der Webservicestandards [Wal02] gehörende Verzeichnis. Konzeptionell ist es vorhanden, allerdings wird es in der Praxis nur sehr selten eingesetzt, da sich hier die Herausforderungen des Semantic Web zeigen. Die Bedeutung einer Servicebezeichnung kann nur im Kontext einer Ontologie verstanden werden. Da man sich auf eine Ontologie festlegt und die Bindung a priori festlegt, ist auch das dynamische Nachschlagen unnötig.

Durch das dynamische Binden ergibt sich die Notwendigkeit, Managementfunktionalität in den Agenten selbst abzubilden. Der Nachteil des zusätzlichen Aufwands kann durch den Vorteil der besseren Adaptivität ausgeglichen werden. Die Agenten steuern dabei selbst ihre Warteschlangen bzw. notwendige Replikationen von Ageninstanzen unter Berücksichtigung ihrer Umweltinformationen. Während in klassischen Applikationsservern die Verwaltung von Pools von Serverobjekten zentral gesteuert wird, kooperieren Agentendienste, um eine optimale Auslastung der jeweiligen Umgebung zu finden.

Eine extern gesteuerte Komposition von Agenten kann als eigenständige Anwendungslogik implementiert werden und damit ein Verhalten klassischer Enterprise-Applikationsserver imitiert werden. Auch das kann ein gewünschtes Verhalten sein, wenn man den Grad der Autonomie eine Agentensystems begrenzen will.

6.5.1 Fazit

Komposition findet in Agentenanwendungen autonom durch die Agenten selbst statt. Im Gegensatz zum IoC Muster bilden die Agenten selbstständig eine Einheit, um ihre Aufgaben zu erfüllen. Die autonome Komposition fördert einen weiteren Freiheitsgrad in der Anwendungsflexibilität durch dynamisches Binden.

6.6 Koordination

Anwendungen mit Mobilen Agenten erfüllen ihre Aufgabe durch die Zusammenarbeit von mehreren Agenten und ihrer Umwelt. Um ihre Aufgaben zu erfüllen, müssen sich die Agenten untereinander koordinieren und Informationen mit der Umwelt austauschen. Im Folgenden wird die Taxonomie von Koordinationsmodellen vorgestellt und hinsichtlich ihrer Bedeutung diskutiert.

6.6.1 Taxonomie von Koordinationsmodellen

Koordination kann man bezüglich unterschiedlicher Dimensionen einteilen. Cabri et al. [CLZ00] teilen die Modelle auf Basis ihrer zeitlichen und räumlichen Kopplung auf. Abb. 6.2 zeigt die Aufteilung der einzelnen Modelle.

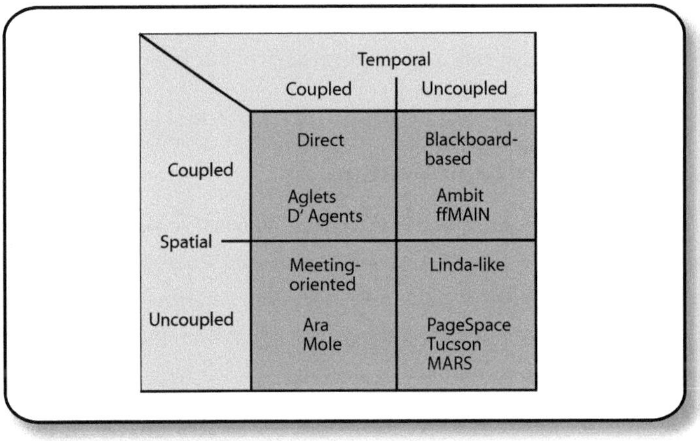

	Temporal Coupled	Temporal Uncoupled
Spatial Coupled	Direct Aglets D'Agents	Blackboard-based Ambit ffMAIN
Spatial Uncoupled	Meeting-oriented Ara Mole	Linda-like PageSpace Tucson MARS

Abbildung 6.2: Koordinationsmodelle für Mobile Agenten (verändert nach [CLZ00])

Die zeitliche Kopplung beschreibt das Kommunikationsverhalten von Agenten. Man unterscheidet zum einen die synchrone Koordination wie z. B. in der direkten Kommunikation oder auch in Sessionkonzepten und zum anderen die asynchrone Koordination durch die Verwendung von nachrichtenorientierter Kommunikation über Ablagesysteme wie z. B. Email oder auch Tupelräume.

Die räumliche Kopplung beschreibt dagegen die Adressierung von Kommunikationspartnern. In dieser Dimension gekoppelte Agenten sprechen sich direkt an und kennen den Kommunikationspartner. Die räumliche Kopplung schreibt die lokale Kommunikation nicht vor. Ungekoppelte Agenten kommunizieren anonym miteinander. Beispiele für die gekoppelte Koordination sind direkt adressierte Nachrichten wie Email. Im Gegensatz dazu ist konferenzartige Kommunikation anonym und daher ungekoppelt in der räumlichen Dimension.

6.6.2 Direkte Koordination

Die direkte Kommunikation von Agenten ist ein sowohl zeitlich als auch räumlich gekoppeltes Koordinationsmodell. Aus technischer Sicht entspricht die Kommunikation einer P2P-Verbindung. Die Agenten kontaktieren einen bekannten, anderen Agenten oder einen lokalen Dienst und bauen eine bestehende Verbindung zu ihm auf. Die Kommunikation kann semantisch von den vorherigen Nachrichten bestimmt sein. Beim Zugriff auf lokale Dienste verhält sich dieses Koordinationsmodell wie das Client-Server Muster.

Kommunikation ist daher einfach zu beschreiben und auch performant. Der Nachteil liegt in der Notwendigkeit von zusätzlichen Diensten, falls Informationen anonymisiert für andere Agenten gespeichert werden sollen. Außerdem skaliert die Buchführung über alle global vorhandenen Agenten nicht (vgl. Kap. 3.1.1).

6.6.3 Versammlungs-Koordination

Bei der Koordination in der Art einer Versammlung handelt es sich um eine räumlich ungekoppelte aber zeitlich gekoppelte Kommunikation. Technisch gesprochen ist dies ein nicht persistenter Multicast. Die Agenten treten einer Versammlung bei, in der sie Nachrichten publizieren und aufnehmen. Dazu werden üblicherweise Synchronisationsobjekte verwendet, die sich alle Teilnehmer teilen. Die Nachrichten sind aber zeitlich nicht stabil und daher nur im Moment ihres Transportes verfügbar.

Die Koordination der Agenten ist von den tatsächlichen Instanzen losgelöst und findet anonym statt. Neben diesem Vorteil müssen die Agenten aber trotzdem gleichzeitig teilnehmen, was bei der schwierigen Vorhersagbarkeit der Agentenprozesse in der Realität ein Problem darstellt.

6.6.4 Nachrichtenbrett-Koordination

Die Koordination über Nachrichtenbretter hat keine zeitliche Kopplung aber eine räumliche. Die kommunizierenden Agenten müssen die jeweiligen anderen Nachrichtenformate kennen, um sie verstehen zu können. Die Nachrichtenbretter sind oft lokal als Teil der Infrastruktur des Agentenortes vorhanden.

6.6 Koordination

Bei diesem Koordinationsmodell müssen die Agenten nicht gleichzeitig Nachrichten austauschen, sondern können nacheinander einen Agentenort erreichen und sich trotzdem koordinieren. Allerdings müssen sie sich auf ein festes Nachrichtenformat festgelegt haben.

6.6.5 Tupelraum-Koordination

Die Koordination mittels eines Tupelraumes legt die Agenten weder auf eine zeitliche noch eine räumliche Kopplung fest. Zusätzlich zu einem Nachrichtenbrett handelt es sich hierbei um einen persistenten, assoziativen Speicher.

Mit Hilfe eine Tupelraumes lassen sich auch alle anderen Koordinationsmodelle abbilden:

- Räumliche Kopplung ergibt sich aus der Festlegung auf ein spezielles Tupelformat.
- Zeitliche Kopplung wird durch das Löschen oder Versionieren von Nachrichten erreicht.

Es gibt allerdings auch zwei Kritikpunkte an diesem Koordinationsmodell. Zum einen ist die Skalierbarkeit dieses Ansatzes nicht klar. Dies gilt im Besonderen, wenn ein globaler bzw. virtueller Tupelraum betrachtet wird, da der assoziative Zugriff dann aufwändig ist. Zum anderen ist fraglich, ob ein assoziativer Zugriff ausreicht, um auf eine Normierung der Kommunikation verzichten zu können. Auch diese Nachrichten müssen einer gewissen Syntax und Semantik folgen, um sinnvoll auch von unbekannten Agenten genutzt werden zu können.

6.6.6 Einordnung von regelbasierten Systemen

Ein regelbasiertes System wie z. B. JESS [FH02] besitzt einen assoziativen Arbeitsspeicher und eine Regelwerk, das auf dem Arbeitsspeicher operiert. Der Speicher selbst ist ein assoziativer Tupelraum, kann aber üblicherweise nicht verteilt werden. Die definierbaren Regeln machen ihn zu einem reaktiven Tupelraum (vgl. [CLZ00]). Dieser hat zusätzlich zu den Fähigkeiten aus dem vorherigen Kap. 6.6.5 die Möglichkeit, auf die Interaktion unterschiedlich zu reagieren. Cabri et al. verweisen hierbei auf die Trennung von Anwendungs- und Koordinationslogik, wobei erstere in den Agenten und letztere in dem Tupelraum verankert sein kann.

Mit einem regelbasierten System kann ein lokaler, reaktiver Tupelraum aufgebaut werden. Allerdings sollte er als Infrastruktur des Agentenortes zur Verfügung gestellt werden und nicht innerhalb eines Agenten ausgeführt werden.

6.6.7 Fazit

Es existieren verschiedene Koordinationsmodelle, die sich in Flexibilität, Einfachheit und Skalierbarkeit unterscheiden. Bei geeigneter Architektur des Agentsystems können auch mehrere gleichzeitig unterstützt werden. In Abhängigkeit von der Anwendung muss das jeweils passende Modell ausgewählt werden.

Durchsuchen viele Agenten in Form eines Schwarms das Agentensystem, so ist sicherlich eine zeitliche Koordination notwendig, um doppelte Suchen zu vermeiden. Beinhaltet eine Anwendung sehr viele, aber dafür nur temporär aktive Überwachungsagenten, kann auch die direkte Koordination von Vorteil sein.

6.7 Werkzeugunterstützung

Die Verfügbarkeit von Werkzeugen rund um eine Softwaretechnologie ist entscheidend für ihre Akzeptanz. Beispielsweise ist die große Unterstützung der Programmiersprache Java durch ausgefeilte Entwicklungsumgebungen und Quelltextwerkzeuge ein mitbestimmender Faktor für ihren Erfolg. Auch die Metasprache XML verdankt ihre Popularität der Unterstützung durch Werkzeuge und Softwarebibliotheken. Die mächtigere Metasprache SGML wurde bereits 1986 von der ISO spezifiziert[6], hat aber nie die breite Anwendung von XML erreicht.

Die Art der Softwareentwicklung hat sich mit der Verbreitung von Integrierten Entwicklungsumgebungen (engl. *Integrated Development Environment (IDE)*) stark verändert. Früher war die Entwicklung durch manuelles Erstellen von Skripten zum Übersetzen und Binden sowie der Bearbeitung des Quelltextes in einem Texteditor geprägt. Abhängigkeiten zwischen Bibliotheken und Teilprojekten mussten selbst gepflegt werden und auch Routineaufgaben wurden manuell erledigt. Mit einer modernen IDE werden diese Aufgaben automatisiert. Im Folgenden werden einige Punkte vorgestellt, die eine Verbreitung der agentenorientierten Softwareentwicklung unterstützen:

6.7.1 UML

Mit der *Unified Modelling Language (UML)* existiert ein Standard der Object Management Group zur grafischen Beschreibung von objektorientierter Software. Aktuell ist die Version 2.1.2[7] verfügbar. Diese Sprache ermöglicht es, sowohl die Struktur als auch Aktionen und Verhalten von Software zu modellieren. Mit ihren neuesten Erweiterungen besitzt UML die Mittel, um auch Agentenanwendungen beschreiben zu können.

Dies war in den früheren Versionen bis UML 2.0 nicht vollständig gegeben und daher existiert die Initiative *Agent-based Unified Modeling Language (AUML)* der FIPA mit dem Ziel, UML um die fehlenden Beschreibungen zu erweitern. Das Projekt ist zurzeit zum Erliegen gekommen, weil einige Zielsetzungen durch UML 2.1, die OMG *Systems Modeling Language (SysML)* und weitere Standardisierungsbestrebungen überflüssig wurden.

---

6 ISO 8879:1986 *Information processing – Text and office systems – Standard Generalized Markup Language (SGML)*
7 Stand: April 2008

6.7 Werkzeugunterstützung

Mittels einer ausgereiften Modellierungssprache wird die Entwicklung von Softwaresystemen in mehrfacher Hinsicht gefördert:

- Eine frühzeitige Modellierung erlaubt die Verfolgung der modellgetriebenen Softwareentwicklung (engl. *Model Drive Development (MDD)*).
- Die Erzeugung von Struktur- und Verhaltensdiagrammen aus bestehendem Quelltext (*reverse engineering*) erleichtert die Analyse des Gesamtsystems.
- Die grafische Modellierung erleichtert die Zusammenarbeit von Softwareentwicklern untereinander und auch mit den Auftraggebern bzw. Fachabteilungen.

Der Standard wird bereits von einigen Modellierungswerkzeugen unterstützt und ist daher auch bereits für die Entwicklungen von Mobilen Agenten verfügbar.

6.7.2 Automatische Codegenerierung

Neben der vollständig modellgetriebenen Softwareentwicklung fallen bei anderen Methoden oft Routineaufgaben wie z. B. das Erzeugen von *getter*- und *setter*-Methoden an. Mit Hilfe von Funktionen innerhalb einer IDE können diese Aufgaben automatisch erledigt werden. Diese Konzepte erleichtern die Softwareentwicklung, da man Flüchtigkeitsfehler vermeidet und sich auf die wesentlichen Dinge konzentrieren kann. Oft werden auch sog. *Wizards*, also Hilfsdialoge, zur genaueren Auswahl des zu erzeugenden Quelltextes verwendet.

Im Bereich der Mobilen Agenten können solche Wizards die Erstellung von Programmstrukturen erleichtern. Im Folgenden werden einige Beispiele aufgeführt:

- Ein geführter Dialog zur Auswahl der Eigenschaft einer neuen Agentenklasse kann die Erzeugung eines Agentenskeletts ermöglichen, so dass der Entwickler die notwendigen Standardschnittstellen nicht selbst implementieren muss.
- Zusätzlich können die Kommunikationsschnittstellen halbautomatisch unter der Angabe von Nachrichtenparametern erstellt werden. Dazu werden die entsprechenden Methoden zum Parsen der Kommunikationssprache erzeugt und Schnittstellen zur Implementierung von entsprechenden Aktionen (sog. *Callbacks*) angelegt.
- Für regelbasierte Agenten bietet sich zusätzlich an, die Initialisierung der Inferenzmaschine anzulegen und dabei die grundsätzlich notwendigen Regeln zu installieren. Außerdem können auch in diesem Programmierparadigma die entsprechenden Kommunikationsschnittstellen mittels Regelrümpfen angelegt werden.

Alle Wizards hängen vom konkret zu implementierenden Agentensystem ab. Moderne IDEs erlauben mittels eines *Plugin-Konzepts* die zusätzlichen Werkzeuge nach Bedarf zu integrieren.

6.7.3 Entwurfsmuster

Entwurfsmuster sind wiederverwendbare Lösungen für wiederkehrende Designprobleme [GHJV95]. Das Thema der Entwurfsmuster für Agenten ist v. a. theoretisch behandelt worden (z. B. [Wei03] or [WJK00]). Durch die geringe Verbreitung von Agenten in tatsächlichen, produktiven Softwareprojekten gibt es nur wenige Beschreibungen von Entwurfsmustern aus der Praxis (z. B. [SN99]). Dabei liegt der Fokus v. a. auf Multiagentensystemen und nicht auf Mobilen Agenten.

Entwurfsmuster erleichtern die Kommunikation zwischen Softwareentwicklern. Durch sie werden *best practices* der Programmierung transportiert und dokumentiert. Schließlich können Entwurfsmuster auch zur Codegenerierung eingesetzt werden. Ohne sie leidet der Entwicklungsprozess. Aber auch andersherum bedeutet das: Ohne die praktische Entwicklung ergeben sich keine Entwurfsmuster, da sie immer aus der Erfahrung der Entwickler abgeleitet werden.

6.7.4 Kommunikation

Der Entwurf der Kommunikation zwischen den Agenten kann durch grafische Oberflächen vereinfacht werden, in denen die Logik der Interaktion entsprechend modelliert wird. Dabei können Inkonsistenzen in den Kommunikationsschnittstellen leichter entdeckt werden als im Quelltext. Diese Fehler fallen ansonsten erst zur Laufzeit auf und können erst dann statisch überprüft werden. Auf zusätzliche Bedingungen, die an den Nachrichtenaustausch gestellt werden, könnten angegeben werden. Der Ablauf der Interaktion wird so im Vergleich zur Durchsicht des Quelltextes transparenter.

Ausnahmen und die Fehlerbehandlung können leichter integriert werden. Außerdem ist ein Testlauf der Kommunikation ohne ein Agentensystem möglich und entsprechende Vor- und Nachbedingungen für das Eintreten eines Ereignisses können überprüft werden. Es ist also nicht nur ein Werkzeug zur Entwicklungszeit, sondern auch eines zur Fehlersuche.

6.7.5 Reiseplanung

Die Steuerung jedes Mobilen Agenten besitzt den Aspekt des impliziten oder expliziten Reiseplans. Der explizite Plan beschreibt die vorgegebene Route von Anfang bis Ende. Die häufige Verwendung eines expliziten Reiseplans kann ein Hinweis sein, dass Mobile Agenten möglicherweise nicht das richtige Paradigma für die Anwendung sind. Der implizite Plan ergibt sich aus den während der Reise gesammelten Informationen. Dies ist der weitaus häufigere Fall. Der Reiseplan ergibt sich also aus Bedingungen, die den nächsten Zielort bestimmen. Auch für dieses Regelwerk, das den Aspekt der Mobilität betrifft, ist ein grafisches Werkzeug von Vorteil.

6.7.6 Integrierte Ausführung

Ein wichtiges Werkzeug in IDEs ist die Ausführung der Anwendung aus der Entwicklungsumgebung heraus. Die JVMs werden durch die IDE instanziiert und das Agentensystem mit dem gerade aktuellen Entwicklungsstand der Agenten ausgeführt. Das bedeutet, dass ein verteiltes System von Agentenorten mit den stationären Agenten konfiguriert und gestartet werden muss. Diese Konfiguration ist komplex und möglicherweise fehleranfällig, so dass auch hier eine mächtige Unterstützung des Entwicklers wünschenswert ist. Zusätzlich ist eine Steuerung der Leistungseigenschaften der Agentenorte sinnvoll. So kann z. B. der Ausfall einer Netzwerkverbindung oder eines ganzen Ortes simuliert werden.

Die Steuerung des verteilten Agentensystems dient dabei auch der Überwachung und Analyse der Abläufe. Sowohl Debugging als auch Profilingaufgaben können damit übernommen werden (vgl. Kap. 6.7.7 und 6.7.8).

6.7.7 Verteiltes Debuggen

Debugger gehören zur IDE einer modernen Programmiersprache. Bei Agentenanwendungen kommt zusätzlich der Aspekt der Verteilung hinzu. Dadurch werden die Aufgaben für den Debugger, aber auch für den Entwickler komplizierter. Die Beobachtung von Variablen und Threads im Zusammenhang mit migrierenden Agenten ist schwierig. Die beobachteten Parameter müssen bei der Migration eines Agenten auch im Debugger nachgeführt werden. Technisch ist das durchaus möglich, da z. B. für Java die JVM eine netzwerkfähige Debugschnittstelle besitzt. Auch in der Debugansicht muss die Einheit des Agenten als Gruppierungsmerkmal mit seiner Lokation mitgeführt werden.

Die Verwaltung und Unterbrechung des Programmlaufs an Breakpoints ist in Anwendungen mit Multithreading schwierig, da es nicht eindeutig geregelt ist, wann und ob die anderen Threads, die nicht an einem Breakpoint stehen, gestoppt werden sollen. In der Regel werden alle Threads gleichzeitig gestoppt. Die Bedeutung eines Einzelschrittes bezieht sich normalerweise nur auf den aktuell beobachteten Thread. Alle anderen werden nicht weiter ausgeführt, was den Zeitplan der Anwendung von der tatsächlichen Ausführung abweichen lässt.

Beim Debuggen von Agentenanwendungen stellt sich die Frage, ob bei einem Breakpoint innerhalb einer JVM alle anderen auch angehalten werden sollen oder nicht. Werden sie angehalten, verzerrt sich der Ablauf in der Einzelschrittausführung weiter. Falls die anderen JVMs nicht gestoppt werden, wird die gestoppte JVM eventuell als Netzwerktrennung oder Absturz interpretiert. Für Agenten bietet es sich daher an, keine anderen JVMs und auch keine anderen Threads – also auch keine anderen Agenten – außer dem gerade betrachteten zu stoppen. Für die Agentenorte und die anderen Agenten erscheint dieser gestoppte Agent nur als langsam reagierend, aber jegliche Infrastruktur ist weiterhin verfügbar.

6.7.8 Verteilte Laufzeitanalyse

Die Laufzeitanalyse (engl. *Profiling*) untersucht das ausgeführte Programm und liefert Informationen über den Ressourcenverbrauch. Für die Programmiersprache Java gibt es entsprechend der Debuggingschnittstelle eine Profilingschnittstelle. Über diese können die Laufzeitinformationen extrahiert und in der Oberfläche dargestellt werden. Die Laufzeiten sind aber von der verwendeten Hardware abhängig und lassen üblicherweise nur relative Vergleiche zu, da auch die Analyse des ausgeführten Codes selbst die Laufzeit verändert.

Profiling funktioniert für eine verteilte Agentenanwendung nur, wenn vergleichbare Hardware zur Verfügung steht. Mit diesem *low-level* Profiling lassen sich nur im Programmtext vorhandene Brennpunkte finden. Geringe Performance der Anwendung durch inhärente Sequenzialisierung lassen sich damit nur schwer beurteilen. Dazu sollte ein entsprechender Profiler z. B. auch die Verteilung von aktiven, Rechenzeit verbrauchenden und auf Ereignisse wartenden Agenten anzeigen. Damit wird ersichtlich, wie viele Agenten tatsächlich parallel arbeiten können.

6.7.9 Regeln

Zur Erstellung und Analyse von regelbasierten Agenten ist die Unterstützung durch die IDE hilfreich, um Laufzeitfehler zu vermeiden. Die in den vorherigen Kapiteln dargestellten Funktionen sind auch hierbei anwendbar:

Automatische Codegenerierung Ein Wizard unterstützt den Entwickler bei der Erstellung der Regelrümpfe und kann bestimmte fertige Muster von zusammengehörigen Regeln anlegen.

Kommunikation Falls Regeln zur Agentenkommunikation verwendet werden sollen, können die entsprechenden Regeln automatisiert erzeugt werden.

Reiseplanung Auch für diesen Aspekt können Regeln nach entsprechender Eingabe erzeugt werden.

Debugging Das Debuggen von regelbasierten Agenten muss auch eine schrittweise Ausführung von Regeln und Breakpoints sowie eine Überwachung von Regeln bereitstellen.

Testen Testrümpfe können durch die statische Analyse von Regeldefinitionen erzeugt werden, indem künstliche Fakten erzeugt werden, die die entsprechende Regel feuern lassen.

Für einen Teil dieser Aufgaben existieren bereits Lösungen. Die *JessDE*, eine Sammlung von Eclipse-Plugins zu JESS, ermöglicht die Syntaxhervorhebung von Regeln und auch die Analyse von Regeln. Sie ist aber auf Regeln in externen Definitionsdateien angewiesen und müsste für regelbasierte Agenten erweitert werden. Andere Punkte im Zusammenhang mit der automatischen Codegenerierung existieren zwar noch nicht, sind aber relativ einfach zu implementieren.

6.7.10 Fazit

Die Werkzeugunterstützung für die Entwicklung von Mobilen Agenten steckt noch in den Kinderschuhen. Die existierenden Werkzeuge sind meistens Beiprodukte von Entwicklungen für parallele und verteilte Systeme (z. B. UML). Im Bereich der Entwurfsmuster müssen noch praktische Erfahrungen über den Einsatz und die Modellierung von Agenten ausgewertet und systematisch dokumentiert werden.

Der große Bereich der Unterstützung durch IDEs mit Codeerzeugung, automatischer Ausführung und integrierter Analysewerkzeuge ist, zumindest in Java, lösbar und bedarf nur des ökonomischen Drucks, um sie umzusetzen. Wie bei vielen Technologien benötigt man eine kritische Masse, um sich gegenseitig hindernde Zustände zu überwinden. Einerseits ist die Agentenentwicklung gering verbreitet, weil es nur wenige Werkzeuge dafür gibt, andererseits gibt es wenige Werkzeuge, weil die Agentenentwicklung nicht verbreitet ist. Vom technischen Standpunkt sind für die Werkzeugunterstützung keine Hindernisse erkennbar.

6.8 Zusammenfassung

In diesem Kapitel wurde die Anwendung von Softwaretechniken auf die Domäne der Mobilen Agenten betrachtet. Eine Technik zur Auswertung des Programmablaufs und des Systemzustands ist das Logging. Es wurden Möglichkeiten zur Generierung, Verteilung und Analyse der Lognachrichten aufgezeigt. Diese Informationen können für die Überprüfung, Wartung und Fehlersuche in der verteilten Anwendung verwendet werden. Mit Hilfe dieser Informationen kann man umfangreiche Laufzeittests und auch die Fehlersuche unterstützen. Zusätzlich können die Anwendungen auch mit bereits bestehenden Debuggern analysiert werden. Es sind also umfangreiche Werkzeuge für die Fehlersuche vorhanden.

Auch das Thema der Versionierung von Softwarekomponenten wurde besprochen und die besondere Eignung von Mobilen Agenten bei verteilten Anwendungen bezüglich dieses Bereichs dargestellt. Die Agententechnologie bietet hierfür vielfältige Anwendungsarten, die im Einzelnen dargestellt wurden und über die Möglichkeiten anderer Architekturen hinaus gehen.

Die Komposition von Agenten ändert die Steuerung von einer zentralen Instanz hin zu autonomen Einheiten. Während die Skalierung und auch Verteilung eines Applikationsservers begrenzt ist, wird bei Agentenanwendungen der Managementaspekt mit den Komponenten verteilt. Daher ist eine weitergehende Skalierung möglich. In diesem Zusammenhang wurde auch die Koordination betrachtet, die eine semantisch einheitliche Kommunikation verlangt. Diese Aufgabe ist zwar komplex, stellt sich aber in jedem verteilt kommunizierenden und verknüpften System, so dass hier synergetisch die Ergebnisse anderer Forschungsbereiche verwendet werden können.

Schließlich wurden unterschiedliche Softwarewerkzeuge untersucht, die der Entwicklung und Wartung von Mobile-Agenten-Anwendungen dienlich sind. Dabei kann bereits auf eine vorhandene Unterstützung durch den neuen UML Standard, verteilte Debugger und Profiler zurückgegriffen werden. Durch etablierte Regelsysteme kann die Agentenentwicklung weiter unterstützt werden. Auch auf noch fehlende Werkzeugunterstützung im Bereich IDEs wurde eingegangen. Hierbei sind v. a. Entwurfsmuster, eine automatische Codegenerierung und eine verteilte Ausführungsumgebung zu nennen.

Die Softwaretechnik muss zum Programmierparadigma passen. In dieser Hinsicht existieren bereits viele Werkzeuge und Vorgehensweisen zur erfolgreichen Implementierung von Mobile-Agenten-Anwendungen. Die fehlenden Werkzeuge sind nicht unbedingt notwendig und würden sich schnell innerhalb eines *Communityprocess* entwickeln, falls sie benötigt werden.

Kapitel 7

Fazit

7.1 Zusammenfassung

Im Rahmen der vorliegenden Dissertation wurden die Einsatzbereiche und der Entwicklungsstand von Softwarewerkzeugen für Mobile Agenten thematisiert. Diese Technologie bietet durch ihre Flexibilität viele Möglichkeiten für verteilte Anwendungen, benötigt aber andererseits auch mehr Ressourcen als eine spezialisierte Lösung. Bei einer Entscheidung für oder gegen den Einsatz von Agenten, müssen die geforderten funktionalen und nicht-funktionalen Eigenschaften der jeweiligen Anwendung berücksichtigt werden. Um diese Entscheidung fundiert treffen zu können, wurde für verschiedene Anwendungsdomänen unterschiedliche Einsatzmöglichkeiten betrachtet sowie damit verbundene Chancen und Risiken abgewogen. Außerdem wurde der Stand der Entwicklungswerkzeuge, die zur Implementierung von Mobilen Agenten zur Verfügung stehen, näher betrachtet und anschließend bewertet.

Im Einzelnen wurde zuerst eine allgemeine, konzeptionelle Einführung in das Themengebiet Mobile Agenten zusammen mit der Abgrenzung zu anderen Technologien gegeben. Anschließend wurden die einzelnen Strukturen eines Agentensystems hinsichtlich ihrer Implementierung und Realisierung beleuchtet. Dabei wurde sowohl auf systemarchitektonische Belange wie Verzeichnisstrukturen, Netzwerktopologie und Sicherheit, als auch auf Softwaretechniken wie Programmierparadigmas und Kommunikationssprachen eingegangen. Im Anschluss daran wurde das Mobile-Agenten-System *Okeanos* vorgestellt, das vom Autor entwickelt und zur empirischen Überprüfung der Anwendungsdomänen verwendet wurde. Dabei wurden auch die bei der Implementierung getroffenen Entscheidungen erläutert und mögliche Verbesserungen diskutiert.

Im Hauptteil dieser Arbeit stand die Betrachtung von Anwendungen mit Mobilen Agenten im Vordergrund. Die Eigenschaften, die den Einsatz von Mobilen Agenten bestimmt haben, waren dabei von besonderem Interesse. Nach dem Überblick über die einzelnen Domänen und der Darstellung der Eigenschaftsmatrix wurde auf die einzelnen Anwendungsmöglichkeiten eingegangen:

Bandbreitenreduzierung Das Datenaufkommen wächst schneller als die zur Verfügung stehende Bandbreite. Es ist nicht sinnvoll, die Daten erst zu transportieren und dann zu filtern, sondern genau anders herum. Für diese Aufgabe eigenen sich Mobile Agenten.

Verteilung Die Verteilung von Berechnungen über eine Vielzahl von Knoten ist über eine zentrale Koordinationsstelle nur schwer zu bewältigen bzw. stößt bald an Skalierbarkeitsgrenzen. Im Bereich des GRID-Computing werden daher dezentrale und autonome Ansätze verwendet. Die einzelnen, verteilten Berechnungseinheiten ähneln in ihrem Aufbau Mobilen Agenten. Agenten können durch ihre Autonomie die Last lokal verteilen und auch weitergehende Entscheidungen treffen. Sie eigenen sich daher gut für hochverteilte Berechnungen, wie auch in einer praktischen Fallstudie dargelegt wurde.

Physische Mobilität Mobile Endgeräte, wie z. B. PDAs, finden immer weitere Verbreitung und stellen immer mehr Hardwareressourcen bereit. Dadurch werden auch komplexere Anwendungen auf diesen Geräten interessant. Oft muss ein Datenbestand mit einem entfernten Server abgeglichen werden. Idealerweise adaptiert sich die Anwendung auf das gerade ökonomisch zur Verfügung stehenden Netzwerk. Auch der Austausch bzw. die Erweiterung der Software sollte möglichst einfach und transparent vor sich gehen. Mobile Agenten unterstützen diese Szenarien, da sie ihr Verhalten autonom an ihre Umwelt anpassen können. Die Hürden wurden in einer praktischen Fallstudie aufgezeigt.

Wartung Mobile Agenten eignen sich auch für Wartungsaufgaben in hochverteilten Systemen, da sie dezentral interagieren und damit das Netzwerk nicht belasten. Außerdem lässt sich ihre Überwachungsaufgabe im Nachhinein noch ändern und anpassen.

Mobile Anwendungen Mobile Anwendungen zeichnen sich dadurch aus, dass Teile von ihnen dynamisch zur Laufzeit transportiert und gebunden werden. In Form von Mobilen Agenten wurde das Szenario der dynamischen Mietsoftware entwickelt, so dass nur für Funktionalität bezahlt wird, die auch genutzt wird.

Data Balancing Das aufgezeigte, ungleiche Wachstum der Netzwerkbandbreite gegenüber der Speicherkapazität erfordert den Transport der Verarbeitungslogik an die Datenquellen und nicht umgekehrt. Das ist ein Szenario, dass durch Mobile Agenten sehr gut unterstützt werden kann.

Offline Portal Portale sind personalisierte Informationssysteme. In Verbindung mit Mobilen Agenten, die die sog. Portlets darstellen, ist auch der Offline-Betrieb eines Portals möglich.

Active Integration In Zusammenarbeit mit der Dissertation von Nusser [Nus05] entstand ein Szenario zur automatischen und autonomen Entdeckung und Nutzung von Diensten in Netzwerken. Im Zusammenhang mit dem *Internet der Dinge* ergeben sich hier eine Vielzahl von Anwendungsmöglichkeiten.

Teleservice Mobile Agenten können die Wartung von entfernten Geräten und Steuerungen unterstützen, indem sie lokal und mit geringer Latenz regelnd eingreifen können. Selbst wenn das Netzwerk ausfallen sollte, können Mobile Agenten vor Ort weiter arbeiten. Für diese Domäne wurden einige Szenarien vorgestellt.

Nach der Darstellung der Anwendungsdomänen wurden verschiedene Aspekte der Softwaretechnik betrachtet. Darunter befanden sich das Logging zur Verfolgung und automatisierten Analyse des Systemzustands. Hierfür wurden mögliche Lösungen aus Kombinationen bestehender Technologien beschrieben. Für das Testen und Debuggen stehen ebenfalls weit reichende Softwarewerkzeuge zur Verfügung, die eventuell noch um komfortablere Funktionen erweitert werden könnten.

Der Aufbau von Anwendungen aus Agenten wurde eingehend in den Ausprägungen Komposition und Koordination beschrieben. Dabei wurde im Besonderen auf die hohe Dynamik im Binden eingegangen. Schließlich folgte ein Überblick über vorhandene, notwendige und wünschenswerte Softwarewerkzeuge zur Unterstützung der Entwicklung und des Betriebs von Anwendungen mit Mobilen Agenten.

Das Thema der regelbasierten Software- bzw. Agentenentwicklung wurde hier auch nochmals aufgegriffen und aufgezeigt, wie dieses Paradigma mit den verschiedenen, orthogonalen Aspekten zusammen wirken kann.

7.2 Bewertung

Die in dieser Dissertation dargestellten Fallstudien und Ergebnisse zeigen die Möglichkeiten und Grenzen von Mobilen Agenten auf. Nach dem Hype Mitte der Neunziger Jahre des letzten Jahrhunderts wird das *Tal der Enttäuschung* (vgl. Abb. 1.1) erst langsam verlassen. Grund dafür dürfte unter anderem auch das Platzen der *Internetblase* im Jahr 2001 gewesen sein, das alle Fortschritte aus den Jahren davor mit in Misskredit brachte. Außerdem wurde, wie bei den meisten Hypes, die Technologie als die Lösung für alles (engl. *Golden Hammer*) durch die Vertreter von Mobilen Agenten angepriesen.

Fehlende Standards sind zwar ein Hindernis, aber sie werden üblicherweise erst nach der Hypephase entwickelt, wie man z. B. an RFID sehen kann.

Mobile Agenten können in ihren speziellen Domänen erfolgreich sein, wie in dieser Arbeit gezeigt wurde. Sie sind eine mögliche Technologie für hochverteilte Systeme. Diese Systeme fördern allerdings eine ablehnende Haltung, da sie komplex sind und nur schwer beherrschbar scheinen. Durch die Autonomie von Mobilen Agenten kann der Eindruck entstehen, dass die Kontrolle entgleiten könnte. Wie in der vorliegenden Dissertation jedoch aufgezeigt wurde, gibt es vielfältige Analyse- und Auswertungsmöglichkeiten, so dass sich keine großen Nachteile gegenüber einer klassischen Architektur erkennen lassen.

Ein weiterer Punkt der zur Ablehnung von Mobilen Agenten führen kann, ist der Wechsel des Programmierparadigmas. Dabei wird jedoch verkannt, dass durch Agenten als Softwarekomponenten nur das objektorientierte Paradigma weiter getrieben wird und ihm nicht entgegensteht. Gerade in vernetzten und verteilten Anwendungen lassen sich Anwendungen mit der agentenorientierten Sichtweise leicht erstellen.

Es wurden auch noch fehlende Softwarewerkzeuge inklusive Implementierungsansätze beschrieben. Die noch etwas knappe Werkzeugunterstützung löst sich jedoch sicherlich bei größerem Nutzerkreis durch kommerzielle und Open-Source Entwicklungen.

Zusammenfassend kann festgestellt werden, dass die geringe Präsenz von Mobilen Agenten zum einen durch den Einsatz der Technologie unter anderem Namen und zum anderen durch Ablehnung aus nicht-technischen Gründen bedingt ist. Wie aufgezeigt wurde, sind die technischen Gründe entweder bereits gelöst oder leicht lösbar, so lange man sich in adäquaten Anwendungsdomänen bewegt.

Literaturverzeichnis

[BA04] BECK, KENT und CYNTHIA ANDRES: *Extreme Programming Explained: Embrace Change*. Addison-Wesley Professional, 2004.

[BCSS99] BANAVAR, GURUDUTH, TUSHAR DEEPAK CHANDRA, ROBERT E. STROM und DANIEL C. STURMAN: *A Case for Message Oriented Middleware*. In: *Proceedings of the 13th International Symposium on Distributed Computing*, Seiten 1–18. Springer-Verlag, 1999.

[Bec02] BECK, KENT: *Test Driven Development: By Example*. Addison-Wesley Longman Publishing Co., Inc., 2002.

[Ber96] BERNSTEIN, PHILIP A.: *Middleware: a model for distributed system services*. Communications of the ACM, 39(2):86–98, 1996.

[BK04] BAUER, CHRISTIAN und GAVIN KING: *Hibernate in Action*. Manning Publications Co., 2004.

[BKNG01] BÜHLER, DIETER, WOLFGANG KÜCHLIN, GERD NUSSER und GERHARD GRUHLER: *The Java Fieldbus Control Framework-Object Oriented Control of Fieldbus Devices*. In: *ISORC '01: Proceedings of the Fourth International Symposium on Object-Oriented Real-Time Distributed Computing*, Seite 153. IEEE Computer Society, 2001.

[BLB+00] BENNETT, K., P. LAYZELL, D. BUDGEN, P. BRERETON, L. MACAULAY und M. MUNRO: *Service-based software: the future for flexible software*. In: *APSEC '00: Proceedings of the Seventh Asia-Pacific Software Engineering Conference*, Seite 214. IEEE Computer Society, 2000.

[BLS+99] BOTELHO, LUÍS M., RUI J. LOPES, MANUEL M. SEQUEIRA, PAULO F. ALMEIDA und SÉRGIO MARTINS: *Inter-agent communication in a FIPA compliant intelligent distributed dynamic-information system*. In: CALLAOS, N., N. NADA, A. CHERIF und M. AVELEDO (Herausgeber): *Proceedings of the 5th International Conference Information Systems Analysis and Synthesis (ISAS99)*, 1999.

[BMM02]   BABAOGLU, ÖZALP, HEIN MELING und ALBERTO MONTRESOR: *Anthill: A Framework for the Development of Agent-Based Peer-to-Peer Systems*. In: *ICDCS '02: Proceedings of the 22nd International Conference on Distributed Computing Systems (ICDCS'02)*, Seite 15. IEEE Computer Society, 2002.

[BMR+96] BUSCHMANN, FRANK, REGINE MEUNIER, HANS ROHNERT, PETER SOMMERLAD und MICHAEL STAL: *Pattern-oriented software architecture: a system of patterns*. John Wiley & Sons, Inc., 1996.

[BN00]   BÜHLER, DIETER und GERD NUSSER: *The Java CAN API – A Java Gateway to Fieldbus Communication*. In: *Proc. of the 2000 International Workshop on Factory Communication Systems (WFCS 2000)*, Porto, Portugal, September 2000. IEEE.

[Boo95]   BOONE, BARRY: *Magic Cap Programmer's Cookbook*. Addison-Wesley Longman Publishing Co., Inc., 1995.

[BPSM+06] BRAY, TIM, JEAN PAOLI, C. MICHAEL SPERBERG-MCQUEEN, EVE MALER, FRANÇOIS YERGEAU und JOHN COWAN: *Extensible Markup Language (XML) 1.1*. World Wide Web Consortium, Recommendation REC-xml11-20060816, August 2006.

[Bur00]   BURSTALL, ROD: *Christopher Strachey–Understanding Programming Languages*. Higher-Order and Symbolic Computation, 13(1):51–55, April 2000.

[BW03]   BAI, FENGSHAN und BERND WEGNER (Herausgeber): *Electronic Information and Communication in Mathematics, ICM 2002 International Satellite Conference, Beijing, China, August 29-31, 2002, Revised Papers*, Band 2730 der Reihe *Lecture Notes in Computer Science*. Springer, 2003.

[CAN05]   CAN IN AUTOMATION E.V.: *CiA 301 DS V4.0.2: CANopen application layer and communication profile*, March 2005.

[CDK02]   COULOURIS, GEORGE, JEAN DOLLIMORE und TIM KINDBERG: *Verteilte Systeme. Konzepte und Design*. Pearson Studium, 3. Auflage, 2002.

[CGG+05] CURINO, CARLO, MATTEO GIANI, MARCO GIORGETTA, ALESSANDRO GIUSTI, AMY L. MURPHY und GIAN PIETRO PICCO: *Mobile Data Collection in Sensor Networks: The TINYLIME Middleware*. Elsevier Pervasive and Mobile Computing Journal, 4(1):446–469, Dezember 2005.

[Cha04]   CHAPPELL, DAVID: *Enterprise Service Bus*. O'Reilly Media, Inc., 2004.

[CL85]	CHANDY, K. MANI und LESLIE LAMPORT: *Distributed snapshots: determining global states of distributed systems.* ACM Transactions on Computer Systems, 3(1):63–75, 1985.
[CLZ00]	CABRI, GIACOMO, LETIZIA LEONARDI und FRANCO ZAMBONELLI: *Mobile-Agent Coordination Models for Internet Applications.* IEEE Computer, 33(2):82–89, 2000.
[Con95]	CONWAY, MATTHEW J.: *Python: a GUI development tool.* interactions, 2(2):23–28, 1995.
[Coo71]	COOK, STEPHEN A.: *The complexity of theorem-proving procedures.* In: *STOC '71: Proceedings of the third annual ACM symposium on Theory of computing*, Seiten 151–158. ACM, 1971.
[CRW04]	CARZANIGA, ANTONIO, MATTHEW J. RUTHERFORD und ALEXANDER L. WOLF: *A Routing Scheme for Content-Based Networking.* In: *Proceedings of IEEE INFOCOM 2004*, März 2004.
[Cum02]	CUMMINS, FRED A.: *Enterprise Integration: An Architecture for Enterprise Application and Systems Integration.* John Wiley & Sons, Inc., 2002.
[DDH72]	DAHL, O. J., E. W. DIJKSTRA und C. A. R. HOARE (Herausgeber): *Structured programming.* Academic Press Ltd., 1972.
[DMG07]	DUVALL, PAUL, STEVE MATYAS und ANDREW GLOVER: *Continuous integration: improving software quality and reducing risk.* Addison-Wesley Professional, 2007.
[Döm96]	DÖMEL, PETER: *Mobile Telescript agents and the Web.* In: IEEE (Herausgeber): *Digest of Papers. COMPCON '96. Technologies for the Information Superhighway. Forty-First IEEE Computer Society International Conference: February 25-28, 1996 Santa Clara, California*, Seiten 52–57. IEEE Computer Society Press, 1996.
[DP60]	DAVIS, MARTIN und HILARY PUTNAM: *A Computing Procedure for Quantification Theory.* Journal of the ACM, 7(3):201–215, 1960.
[Ets01]	ETSCHBERGER, KONRAD: *Controller Area Network.* IXXAT Automation GmbH, August 2001.
[FC05]	FARLEY, JIM und WILLIAM CRAWFORD: *Java Enterprise in a Nutshell.* O' Reilly & Associates, Inc., 2005.

[Fel03]   FELLENSTEIN, CRAIG: *On Demand Computing: Technologies and Strategies, First Edition.* Prentice Hall PTR, 2003.

[FFMM94] FININ, TIM, RICHARD FRITZSON, DON MCKAY und ROBIN MCENTIRE: *KQML as an Agent Communication Language.* In: ADAM, NABIL R., BHARAT K. BHARGAVA und YELENA YESHA (Herausgeber): *Proceedings of the 3rd International Conference on Information and Knowledge Management (CIKM'94)*, Seiten 456–463. ACM Press, 1994.

[FG96]   FRANKLIN, STAN und ARTHUR C. GRAESSER: *Is it an Agent, or Just a Program? A Taxonomy for Autonomous Agents.* In: MÜLLER, JÖRG P., MICHAEL WOOLDRIDGE und NICHOLAS R. JENNINGS (Herausgeber): *Intelligent Agents III, Agent Theories, Architectures, and Languages, ECAI '96 Workshop (ATAL), Budapest, Hungary, August 12-13, 1996, Proceedings*, Band 1193 der Reihe *Lecture Notes in Computer Science*, Seiten 21–35. Springer, 1996.

[FH02]   FRIEDMAN-HILL, ERNEST: *Jess in Action: Java Rule-Based Systems.* Manning Publications, December 2002.

[FK99]   FOSTER, IAN und CARL KESSELMAN (Herausgeber): *The grid: blueprint for a new computing infrastructure.* Morgan Kaufmann Publishers Inc., 1999.

[Fün99]   FÜNFROCKEN, STEFAN: *Transparent Migration of Java-Based Mobile Agents.* In: *MA '98: Proceedings of the Second International Workshop on Mobile Agents*, Seiten 26–37. Springer-Verlag, 1999.

[FNK02]   FRIEDRICH, MICHAEL, GERD NUSSER und WOLFGANG KÜCHLIN: *Maintenance of Distributed Systems with Mobile Agents.* In: *Proceedings of 2002 International Conference on Software Maintenance (ICSM 2002)*. IEEE, Oktober 2002.

[Fos02]   FOSTER, IAN: *What is the Grid? - a three point checklist.* GRIDtoday, 1(6), July 2002.

[Fou97]   FOUNDATION FOR INTELLIGEN PHYSICAL AGENTS (FIPA): *FIPA 97 Specification Part 2: Agent Communication*, 1997.

[FPV98]   FUGGETTA, ALFONSO, GIAN PIETRO PICCO und GIOVANNI VIGNA: *Understanding Code Mobility.* IEEE Transactions on Software Engineering, 24(5):342–361, 1998.

[FS99]   FOWLER, MARTIN und KENDALL SCOTT: *UML Distilled: A Brief Guide to the Standard Object Modeling Language.* Addison-Wesley Professional, August 1999.

[FSK02]   FRIEDRICH, MICHAEL, RALF-DIETER SCHIMKAT und WOLFGANG KÜCHLIN: *Information Retrieval in Distributed Environments Based on Context-Aware, Proactive Documents*. In: *Proceedings of 6th International Conference on Current Research Information Systems (CRIS 2002)*. Springer LNCS, August 2002.

[FTNK04] FRIEDRICH, MICHAEL, KIRSTEN TERFLOTH, GERD NUSSER und WOLFGANG KÜCHLIN: *Mobile Agents: A Construction Kit for Mobile Device Applications*. In: *Proceedings of the International Conference on Internet Computing - IC'04*. CSREA Press, Juni 2004.

[FWW+93] FININ, TIM, JAY WEBER, GIO WIEDERHOLD, MIKE GENESERETH, DON MCKAY, RICH FRITZSON, STU SHAPIRO, RICHARD PELAVIN und JIM MCGUIRE: *Specification of the KQML agent-communication language*. Technischer Bericht, Arpa Knowledge Sharing Initiative, July 1993.

[GB03]   GAMMA, ERICH und KENT BECK: *Contributing to Eclipse: Principles, Patterns, and Plugins*. Addison Wesley Longman Publishing Co., Inc., 2003.

[GCCC85] GELERNTER, DAVID, NICHOLAS CARRIERO, SARAT CHANDRAN und SILVA CHANG: *Parallel Programming in Linda*. In: *International Conference on Parallel Processing (ICPP '85)*, Seiten 255–263. IEEE Computer Society Press, 1985.

[Gei01]   GEIHS, KURT: *Middleware Challenges Ahead*. IEEE Computer, 34(6):24–31, 2001.

[Gen01]   GENTZSCH, WOLFGANG: *Sun Grid Engine: Towards Creating a Compute Power Grid*. In: *CCGRID '01: Proceedings of the 1st International Symposium on Cluster Computing and the Grid*, Seite 35. IEEE Computer Society, 2001.

[GHJV95] GAMMA, ERICH, RICHARD HELM, RALPH JOHNSON und JOHN VLISSIDES: *Design Patterns*. Addison-Wesley Professional, January 1995.

[GJSB00] GOSLING, JAMES, BILL JOY, GUY STEELE und GILAD BRACHA: *The Java Language Specification Second Edition*. Addison-Wesley, 2000.

[GKC04]   GERSHENFELD, NEIL, RAFFI KRIKORIAN und DANNY COHEN: *The Internet of Things*. Scientific American, 291(4):46–51, 2004.

[GM99]   GUPTA, ASHISH und IDERPAL SINGH MUMICK (Herausgeber): *Materialized views: techniques, implementations, and applications*. MIT Press, 1999.

[Gol90]   GOLDFARB, CHARLES F.: *The SGML handbook*. Oxford University Press, Inc., 1990.

[GR92]   GRAY, JIM und ANDREAS REUTER: *Transaction Processing : Concepts and Techniques*. Morgan Kaufmann, October 1992.

[Gra04]   GRABENHORST, DIRK: *Motel für mobile Agenten*. Studienarbeit, Universität Tübingen, Deutschland, Juni 2004.

[Gru08]   GRUBER, THOMAS: *Ontology (Computer Science) - definition in Encyclopedia of Database Systems*. 2008.

[Hay08]   HAYES, BRIAN: *Cloud computing*. Communications of the ACM, 51(7):9–11, 2008.

[Hil90]   HILL, MARK DONALD: *What is Scalability*. Computer Architecture News, 18(4):18–21, 1990.

[IEE06]   IEEE: *International Standard - ISO/IEC 14764 IEEE Std 14764-2006*. ISO/IEC 14764:2006 (E) IEEE Std 14764-2006 Revision of IEEE Std 1219-1998), Seiten 0_1–46, 2006.

[Int05]   INTERNATIONAL TELECOMMUNICATION UNION: *ITU Internet Report 2005: The Internet of Things*, 2005.

[JBC+07] JENDROCK, ERIC, JENNIFER BALL, DEBBIE CARSON, IAN EVANS, SCOTT FORDIN und KIM HAASE: *The Java EE 5 Tutorial – For Sun Java System Application Server 9.1*. Sun Microsystems, Inc., September 2007.

[JF88]   JOHNSON, RALPH E. und BRIAN FOOTE: *Designing Reusable Classes*. Object-Oriented Programming, 1(2), 1988.

[JLSU87] JOYCE, JEFFREY, GREG LOMOW, KONRAD SLIND und BRIAN UNGER: *Monitoring distributed systems*. ACM Transactions on Computer Systems, 5(2):121–150, 1987.

[Ker79]   KERNIGHAN, BRIAN W.: *UNIX For Beginners*. Bell Laboratories, 1979.

[KFC+07] KONDO, DERRICK, GILLES FEDAK, FRANCK CAPPELLO, ANDREW A. CHIEN und HENRI CASANOVA: *Characterizing resource availability in enterprise desktop grids*. Future Generation Computer Systems, 23(7):888–903, 2007.

[Kle95]   KLEINROCK, LEONARD: *Nomadic computing–an opportunity*. SIGCOMM Computer Communication Review, 25(1):36–40, 1995.

[KT01]   KARNIK, NEERAN M. und ANAND R. TRIPATHI: *Security in the Ajanta mobile agent system*. Software: Practice and Experience, 31(4):301–329, 2001.

[KXD00]   KUN, YANG, GUO XIN und LIU DAYOU: *Security in mobile agent system: problems and approaches.* SIGOPS Operating Systems Review, 34(1):21–28, 2000.

[KZ07]   KUMAR, MOHAN und FRANCO ZAMBONELLI: *Editorial: Middleware for pervasive computing.* Pervasive and Mobile Computing, 3(4):329–331, 2007.

[LA96]   LIU, CRICKET und PAUL ALBITZ: *DNS and BIND (A Nutshell Handbook).* O'Reilly, December 1996.

[Lad03]   LADDAD, RAMNIVAS: *AspectJ in Action: Practical Aspect-Oriented Programming.* Manning Publications Co., 2003.

[LH89]   LI, KAI und PAUL HUDAK: *Memory coherence in shared virtual memory systems.* ACM Transactions on Computer Systems, 7(4):321–359, November 1989.

[Llo87]   LLOYD, JOHN W.: *Foundations of Logic Programming.* Springer, 1987.

[LM04]   LINWOOD, JEFF und DAVID MINTER: *Building Portals with the Java Portlet API (Expert's Voice).* Apress, 2004.

[LOKK97]   LANGE, DANNY B., MITSURU OSHIMA, GÜNTER KARJOTH und KAZUYA KOSAKA: *Aglets: Programming Mobile Agents in Java.* In: *WWCA '97: Proceedings of the International Conference on Worldwide Computing and Its Applications,* Seiten 253–266. Springer-Verlag, 1997.

[LS00]   LEE, ROSANNA und SCOTT SELIGMAN: *The Jndi API Tutorial and Reference: Building Directory-Enabled Java Applications.* Addison-Wesley Longman Publishing Co., Inc., 2000.

[LTM+00]   LIE, DAVID, CHANDRAMOHAN A. THEKKATH, MARK MITCHELL, PATRICK LINCOLN, DAN BONEH, JOHN C. MITCHELL und MARK HOROWITZ: *Architectural Support for Copy and Tamper Resistant Software.* In: *Architectural Support for Programming Languages and Operating Systems,* Seiten 168–177, 2000.

[MA01]   MITCHELL, JOHN C. und KRZYSZTOF APT: *Concepts in Programming Languages.* Cambridge University Press, 2001.

[Mae97]   MAES, PATTIE: *Pattie Maes on Software Agents: Humanizing The Global Computer.* IEEE Internet Computing, 01(4):10–19, 1997.

[Max04]   MAXIM INTEGRATED PRODUCTS: *Getting Started with TINI,* July 2004.

[Mey97]   MEYER, BERTRAND: *Object-oriented software construction.* Prentice-Hall, Inc., 1997.

[MPR01] MURPHY, AMY L., GIAN PIETRO PICCO und GRUIA-CATALIN ROMAN: LI-ME: *A Middleware for Physical and Logical Mobility*. In: GOLSHANI, FOROUZAN, PARTHA DASGUPTA und WEI ZHAO (Herausgeber): *Proceedings of the 21st International Conference on Distributed Computing Systems (ICDCS-21)*, Seiten 524–533, Mai 2001.

[NFF+91] NECHES, ROBERT, RICHARD FIKES, TIM FININ, TOM GRUBER, RAMESH PATIL, TED SENATOR und WILLIAM R. SWARTOUT: *Enabling technology for knowledge sharing*. AI Magazine, 12(3):36–56, 1991.

[NS01] NUSSER, GERD und RALF-DIETER SCHIMKAT: *Rapid Application Development of Middleware Components by Using XML*. In: *RSP '01: Proceedings of the 12th International Workshop on Rapid System Prototyping*, Seite 116. IEEE Computer Society, 2001.

[Nus05] NUSSER, GERD: *Automatische Generierung von Softwarekomponenten auf der Basis von Metamodellen und XML*. Doktorarbeit, Eberhard-Karls-Universität, 2005.

[Nwa96] NWANA, HYACINTH S.: *Software Agents: An Overview*. Knowledge Engineering Review, 11(2):205–244, 1996.

[Ode02] ODELL, JAMES: *Agents and Complex Systems*. Journal of Object Technology, 1(2):35–45, 2002.

[Ode03] ODELL, JAMES: *Between Order and Chaos*. Journal of Object Technology, 2(6):45–50, 2003.

[OG02] OAKS, SCOTT und LI GONG: *JXTA in a Nutshell*. O'Reilly & Associates, Inc., 2002.

[Ous94] OUSTERHOUT, JOHN K.: *Tcl and the Tk toolkit*. Addison-Wesley Longman Publishing Co., Inc., 1994.

[PFPS+92] PATIL, RAMESH, RICHARD F. FIKES, PETER F. PATEL-SCHNEIDER, DON MCKAY, TIM FININ, THOMAS GRUBER und ROBERT NECHES: *The DARPA Knowledge Sharing Effort: Progress Report*. In: NEBEL, BERNHARD, CHARLES RICH und WILLIAM SWARTOUT (Herausgeber): *KR'92. Principles of Knowledge Representation and Reasoning: Proceedings of the Third International Conference*, Seiten 777–788. Morgan Kaufmann, 1992.

[PH98] PATTERSON, DAVID A. und JOHN L. HENNESSY: *Computer organization and design: the hardware/software interface*. Morgan Kaufmann Publishers Inc., 1998.

[PMR99] PICCO, GIAN PIETRO, AMY L. MURPHY und GRUIA-CATALIN ROMAN: *LIME: Linda meets mobility*. In: *ICSE '99: Proceedings of the 21st international conference on Software engineering*, Seiten 368–377. IEEE Computer Society Press, 1999.

[PNM+08] PROCTOR, MARK, MICHAEL NEALE, BOB MCWHIRTER, KRIS VERLAENEN, EDSON TIRELLI, ALEXANDER BAGERMAN, MICHAEL FRANDSEN, FERNANDO MEYER, GEOFFREY DE SMET, TONI RIKKOLA, STEVEN WILLIAMS und BEN TRUIT: *JBoss Drools Documentation 4.0.7*, 2008.

[Pop98] POPE, ALAN LAMONT: *The CORBA reference guide: understanding the Common Object Request Broker Architecture*. Addison-Wesley Longman Publishing Co., Inc., 1998.

[PRS05] PAWLAK, RENAUD, JEAN-PHILIPPE RETAILLÉ und LIONEL SEINTURIER: *Foundations of AOP for J2EE Development*. Apress, 2005.

[RG02] RAMAKRISHNAN, RAGHU und JOHANNES GEHRKE: *Database Management Systems*. McGraw-Hill Science/Engineering/Math, 2002.

[SBS+00] SCHIMKAT, RALF-DIETER, WOLFGANG BLOCHINGER, CARSTEN SINZ, MICHAEL FRIEDRICH und WOLFGANG KÜCHLIN: *A Service-Based Agent Framework for Distributed Symbolic Computation*. In: BUBAK, MARIAN, HAMIDEH AFSARMANESH, ROY WILLIAMS und LOUIS O. HERTZBERGER (Herausgeber): *Proceedings of the 8th International Conference on High Performance Computing and Networking Europe (HPCN'00)*, Band 1823, Seiten 644–656. Springer-Verlag, Berlin, Mai 2000.

[Sch03] SCHIMKAT, RALF-DIETER: *Techniken und Aspekte zur Realisierung proaktiver Informationssysteme*. Doktorarbeit, Eberhard-Karls-Universität, 2003.

[SFK01a] SCHIMKAT, RALF-DIETER, MICHAEL FRIEDRICH und WOLFGANG KÜCHLIN: *Deploying Distributed State Information in Mobile Agents Systems*. In: *Proceedings 6th International Conference on Cooperative Information Systems (CoopIS 2001)*. Springer-Verlag, Berlin, September 2001.

[SFK01b] SCHIMKAT, RALF-DIETER, MICHAEL FRIEDRICH und WOLFGANG KÜCHLIN: *On Maintaining Code Mobility*. In: *Workshop on Software Engineering and Mobility, co-located with ICSE 2001*, Mai 2001.

[SFKH03] SCHULZ, SVEN, MICHAEL FRIEDRICH, WOLFGANG KÜCHLIN und TOBIAS HÜTTNER: *A RMI-Security-Extension using the PERMI framework*. In: *Proceedings of 2003 Netobject Days*. transit, September 2003.

[SHKK00] SCHIMKAT, RALF-DIETER, MATTHIAS HÄUSSER, WOLFGANG KÜCHLIN und REINER KRAUTTER: *Web Application Middleware to Support XML-Based Monitoring in Distributed Systems*. In: DEBNATH, NARAYAN (Herausgeber): *Proceedings of 13th International Conference on Computer and Applications in Industry and Engineering (CAINE 2000)*, Seiten 203–207. International Society for Computers and Their Applications, November 2000.

[Sim02] SIMPSON, JOHN E.: *XPath and XPointer: Locating Content in XML Documents*. O'Reilly & Associates, Inc., 2002.

[SKK99] SCHIMKAT, RALF-DIETER, WOLFGANG KÜCHLIN und REINER KRAUTTER: *An Object-Oriented Framework for Rapid Client-side Integration of Information Management Systems*. South African Computer Journal, 24:244–248, November 1999.

[SMY99] SEKIGUCHI, TATSUROU, HIDEHIKO MASUHARA und AKINORI YONEZAWA: *A Simple Extension of Java Language for Controllable Transparent Migration and Its Portable Implementation*. In: *COORDINATION '99: Proceedings of the Third International Conference on Coordination Languages and Models*, Seiten 211–226. Springer-Verlag, 1999.

[SN96] SCHULTE, ROY W. und YEFIM V. NATIS: *SSA Research Note SPA-401-068, Service Oriented Architectures, Part 1*. Technischer Bericht, the Gartner Group, 1996.

[SN99] SHU, SUDONG und DOUGLAS H. NORRIE: *Patterns for adaptive multi-agent systems in intelligent manufacturing*. In: *2nd International Workshop on Intelligent Manufacturing Systems*, Seiten 67–74, September 1999.

[SS83] SKEEN, DALE und MICHAEL STONEBRAKER: *A Formal Model of Crash Recovery in a Distributed System*. IEEE Transansactions on Software Engineering, 9(3):219–228, 1983.

[Str86] STROUSTRUP, BJARNE: *The C++ programming language*. Addison-Wesley Longman Publishing Co., Inc., 1986.

[SVE07] STAHL, THOMAS, MARKUS VÖLTER und SVEN EFFTINGE: *Modellgetriebene Softwareentwicklung. Techniken, Engineering, Management*. Dpunkt Verlag, 2007.

[SW05] STEINMETZ, RALF und KLAUS WEHRLE: *Peer-to-Peer Systems and Applications (Lecture Notes in Computer Science)*. Springer-Verlag New York, Inc., 2005.

Literaturverzeichnis

[Szy02] SZYPERSKI, CLEMENS: *Component Software: Beyond Object-Oriented Programming*. Addison-Wesley Longman Publishing Co., Inc., 2002.

[Tan96] TANENBAUM, ANDREW S.: *Computer networks (3rd ed.)*. Prentice-Hall, Inc., 1996.

[Tan07] TANENBAUM, ANDREW S.: *Modern Operating Systems*. Prentice Hall Press, 2007.

[Ter03] TERFLOTH, KIRSTEN: *Mobilität^2 - Analyse, Implementierung und Evaluierung Mobiler Agenten für Mobile Computing*. Diplomarbeit, Universität Tübingen, September 2003.

[THCA97] TAI, ANN T., HERBERT HECHT, SAVIO N. CHAU und LEON ALKALAJ: *On-Board Preventive Maintenance: Analysis of Effectiveness and Optimal Duty Period*. In: *Proceedings of the 3rd Workshop on Object-Oriented Real-Time Dependable Systems - (WORDS '97)*, Seite 40. IEEE Computer Society, 1997.

[Top02] TOPLEY, KIM: *J2ME in a Nutshell*. O'Reilly & Associates, Inc., 2002.

[Wal02] WALSH, AARON E. (Herausgeber): *UDDI, SOAP, and WSDL: The Web Services Specification Reference Book*. Prentice Hall Professional Technical Reference, 2002.

[WB07] WALLS, CRAIG und RYAN BREIDENBACH: *Spring in action*. Manning Publications Co., 2007.

[Wei03] WEISS, MICHAEL: *Pattern-Driven Design of Agent Systems: Approach and Case Study*. In: EDER, JOHANN und MICHELE MISSIKOFF (Herausgeber): *Advanced Information Systems Engineering, 15th International Conference, CAiSE 2003, Proceedings*, Band 2681 der Reihe *Lecture Notes in Computer Science*, Seiten 711–723. Springer, 2003.

[Wen02] WENNING, FLORIAN: *Untersuchung von Applikationen mit Mobilen Agenten*. Diplomarbeit, Universität Tübingen, September 2002.

[WJK00] WOOLDRIDGE, MICHAEL, NICHOLAS R. JENNINGS und DAVID KINNY: *The Gaia Methodology for Agent-Oriented Analysis and Design*. Autonomous Agents and Multi-Agent Systems, 3(3):285–312, 2000.

[WS91] WALL, LARRY und RANDAL L. SCHWARTZ: *Programming perl*. O'Reilly & Associates, Inc., 1991.

[YRG+00] YANG, YANYAN, OMER RANA, CHRISTOS GEORGOUSOPOULOS, DAVID W. WALKER und ROY WILLIAMS: *Mobile Agents and the SARA Digital Library*. In: *Advances in Digital Libraries*, Seiten 71–77, 2000.

[Zim80] ZIMMERMANN, HUBERT: *OSI Reference Model–The ISO Model of Architecture for Open Systems Interconnection*. IEEE Transactions on Communications, 28(4):425–432, April 1980.

I want morebooks!

Buy your books fast and straightforward online - at one of world's fastest growing online book stores! Environmentally sound due to Print-on-Demand technologies.

Buy your books online at
www.morebooks.shop

Kaufen Sie Ihre Bücher schnell und unkompliziert online – auf einer der am schnellsten wachsenden Buchhandelsplattformen weltweit! Dank Print-On-Demand umwelt- und ressourcenschonend produziert.

Bücher schneller online kaufen
www.morebooks.shop

KS OmniScriptum Publishing
Brivibas gatve 197
LV-1039 Riga, Latvia
Telefax: +371 686 204 55

info@omniscriptum.com
www.omniscriptum.com

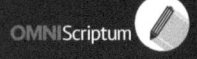

Printed by Books on Demand GmbH, Norderstedt / Germany